PASSPORT
Picture Dictionary

Kerneman Publishing • Lonnie Kahn

PASSPORT PICTURE DICTIONARY is designed to teach words and their meanings through the medium of pictures, organized by topic.

There are over 1300 nouns, verbs, adjectives, prepositions, idioms and phrases, and over 1500 full-color 3-dimensional images.

The presentation of vocabulary by topics helps to establish an immediate association between vocabulary and visual images, reinforcing both the child's mother tongue and the target language vocabulary. In addition, the alphabetical word lists allow for easy access to specific words by page number, an important step in the preparation for developing basic dictionary skills.

PASSPORT PICTURE DICTIONARY is an excellent teaching and learning tool both at home and in the class.

PASSPORT PICTURE DICTIONARY

Adapted and translated by Ya'acov Levy

Printed and bound by Keterpress Enterprise, Jerusalem

ISBN: 965-307-030-4

2005 2004 2003 2002 2001
10 9 8 7 6 5 4 3 2

Contents

תוכן

The body	6	הַגוּף
Skeleton and muscles	7	שֶׁלֶד וּשְׁרִירִים
The senses	8	הַחוּשִׁים
The family	10	הַמִּשְׁפָּחָה
A party	11	מְסִיבָּה
Clothes	12	בְּגָדִים
The house	14	הַבַּיִת
The living room	15	חֲדַר הָאוֹרְחִים
The bedroom	16	חֲדַר הַשֵּׁינָה
The bathroom	17	חֲדַר הָאַמְבַּטְיָה
The kitchen	18	הַמִּטְבָּח
Where are they?	20	אֵיפֹה הֵם?
In the classroom	22	בַּכִּיתָה
Colors	24	צְבָעִים
Numbers and shapes	26	מִסְפָּרִים וְצוּרוֹת
Dinosaurs	28	דִּינוֹזָאוּרִים
The cat and the dog	30	הֶחָתוּל וְהַכֶּלֶב
The horse and the camel	31	הַסוּס וְהַגָּמָל
The sheep and the cow	32	הַכִּבְשָׂה וְהַפָּרָה
The hen and the bird	33	הַתַּרְנְגוֹלֶת וְהַצִּיפּוֹר
The snake and the turtle	34	הַנָּחָשׁ וְהַצָּב
The shark and the sardinc	35	הַכָּרִישׁ וְהַסַּרְדִּין
Thc frog	36	הַצְּפַרְדֵּעַ
The butterfly	37	הַפַּרְפַּר
The bee	38	הַדְּבוֹרָה
The octopus and the snail	39	הַתְּמָנוּן וְהַחִילָזוֹן
Other animals	40	חַיּוֹת אֲחֵרוֹת
Trees	42	עֵצִים
Flowers	43	פְּרָחִים
Fruit and nuts	44	פֵּירוֹת וֶאֱגוֹזִים
Vegetables and cereals	45	יְרָקוֹת וּדְגָנִים
The garden	46	הַגִּינָה
Garden tools	47	כְּלֵי גִינּוּן
In the city	48	בָּעִיר
The street	49	הָרְחוֹב

The highway	50	הַכְּבִישׁ הַמָּהִיר
Jobs	52	עִיסּוּקִים
The car	54	הַמְּכוֹנִית
Bicycle and motorbike	55	אוֹפַנַּיִים וְאוֹפַנּוֹעַ
At the station	56	בַּתַּחֲנָה
On the train	57	בָּרַכֶּבֶת
At the airport	58	בִּנְמַל הַתְּעוּפָה
On the airplane	59	בַּמָּטוֹס
At the port	60	בַּנָּמֵל
On the ship	61	בָּאוֹנִיָּיה
Games and toys	62	מִשְׂחָקִים וְצַעֲצוּעִים
Electronic equipment	64	צִיּוּד אֶלֶקְטְרוֹנִי
Movies and plays	66	סְרָטִים וּמַחֲזוֹת
The television studio	67	אוּלְפַּן הַטֶּלֶוִויזְיָה
Musical instruments	68	כְּלֵי נְגִינָה
Basketball	70	כַּדּוּרְסַל
Soccer	71	כַּדּוּרֶגֶל
Tennis	72	טֶנִיס
Swimming	73	שְׂחִיָּיה
Skiing	74	סְקִי
Gymnastics and athletics	75	הִתְעַמְּלוּת וְאַתְלֶטִיקָה
At the doctor’s	76	אֵצֶל הָרוֹפֵא
At the dentist’s	77	אֵצֶל רוֹפֵא הַשִּׁינַּיִים
The hospital	78	בֵּית הַחוֹלִים
Firefighting	79	כַּבָּאוּת
At the post office	80	בַּדּוֹאַר
At the supermarket	81	בַּמַּרְכּוֹל
The universe	82	הַיְּקוּם
In the country	84	בַּכְּפָר
On the beach	85	בְּחוֹף הַיָּם
The weather	86	מֶזֶג הָאֲוִויר
The seasons	87	עוֹנוֹת הַשָּׁנָה

English word list	91	רְשִׁימַת הַמִּלִּים בְּאַנְגְּלִית
Hebrew word list	108	רְשִׁימַת הַמִּלִּים בְּעִבְרִית

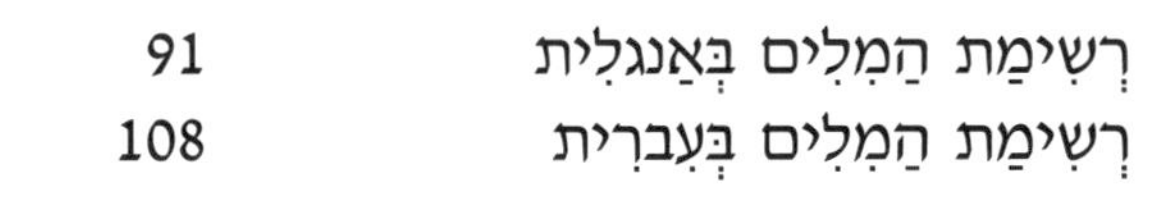

The body

הגוף

ראש head
לֶחִי cheek
פֶּרֶק־כַּף־הַיָּד wrist
יָד hand
זְרוֹעַ arm
גַּב back
קַרסוֹל ankle
בֶּרֶך knee
רֶגֶל foot
finger אֶצבַּע
forehead מֵצַח
face פָּנִים
chin סַנטֵר
neck צַוָּואר
elbow מַרפֵּק
shoulder כָּתֵף
chest חָזֶה
waist מוֹתנַיִים
hip מִפרַק־הַיָּרֵך ; מוֹתֶן
thigh יָרֵך
leg רֶגֶל
toe אֶצבַּע הָרֶגֶל
to jump
לִקפּוֹץ
to crouch
לְהִתכּוֹפֵף
to run
לָרוּץ
to lie down
לִשכַּב
fair hair
שֵׂיעָר בָּהִיר
dark hair
שֵׂיעָר שָׁחוֹר
tall
גָּבוֹהַּ
short
נָמוּך
fat
שָׁמֵן
thin
רָזֶה

Skeleton and muscles שֶׁלֶד וּשְׁרִירִים

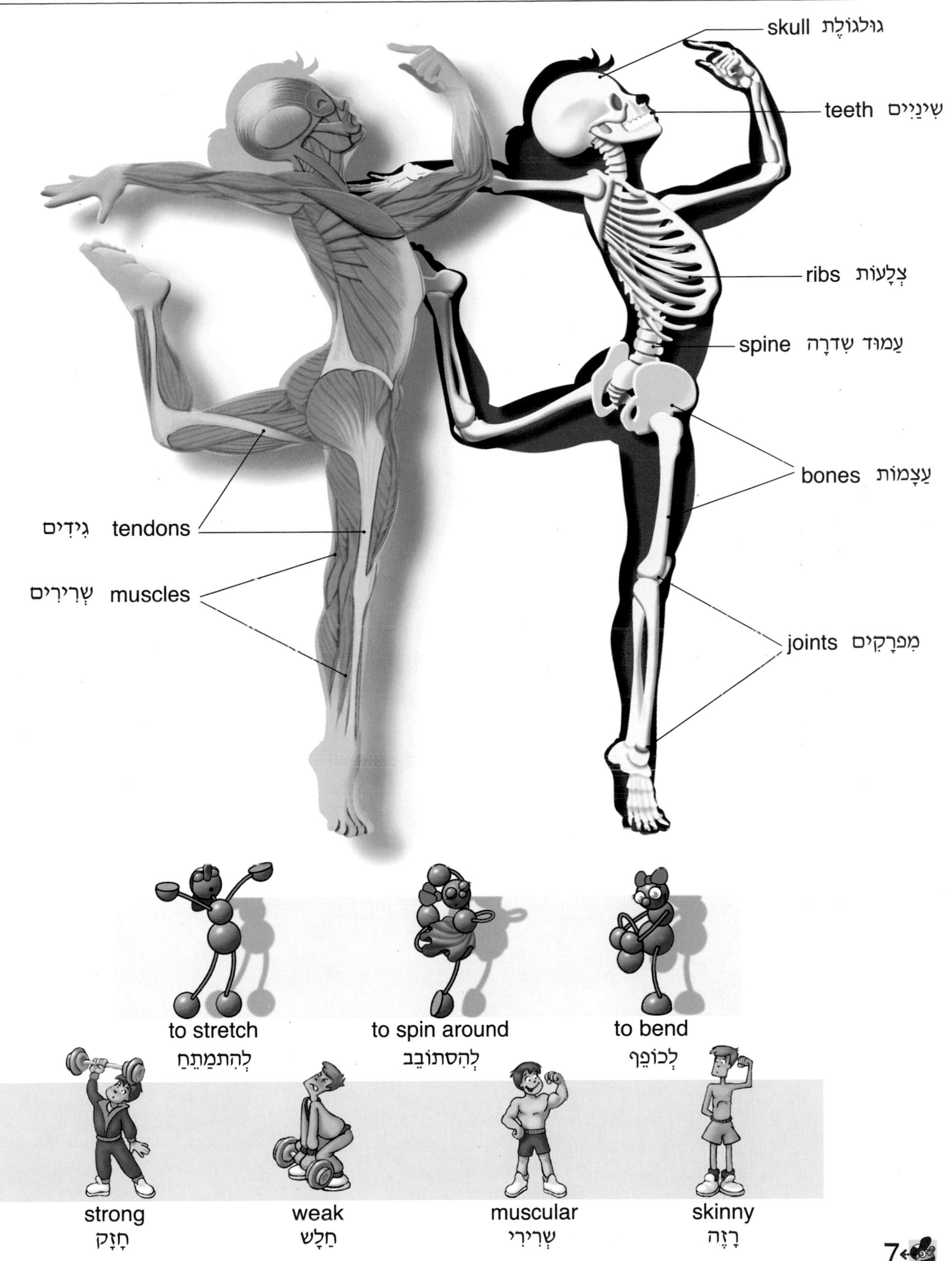
skull גולגולֶת
teeth שִׁינַיִים
ribs צְלָעוֹת
spine עַמוּד שִׁדרָה
bones עֲצָמוֹת
joints מִפרָקִים
גִידִים tendons
שְׁרִירִים muscles
to stretch
לְהִתמַתֵחַ
to spin around
לְהִסתוֹבֵב
to bend
לְכוֹפֵף
strong
חָזָק
weak
חַלָש
muscular
שְׁרִירִי
skinny
רָזֶה

The senses

sense of hearing
חוּשׁ הַשְּׁמִיעָה

אוֹזֶן ear

חוּשׁ הָרֵיחַ sense of smell

אַף nose

נְחִיר nostril

חוּשׁ הַמִּישׁוּשׁ sense of touch

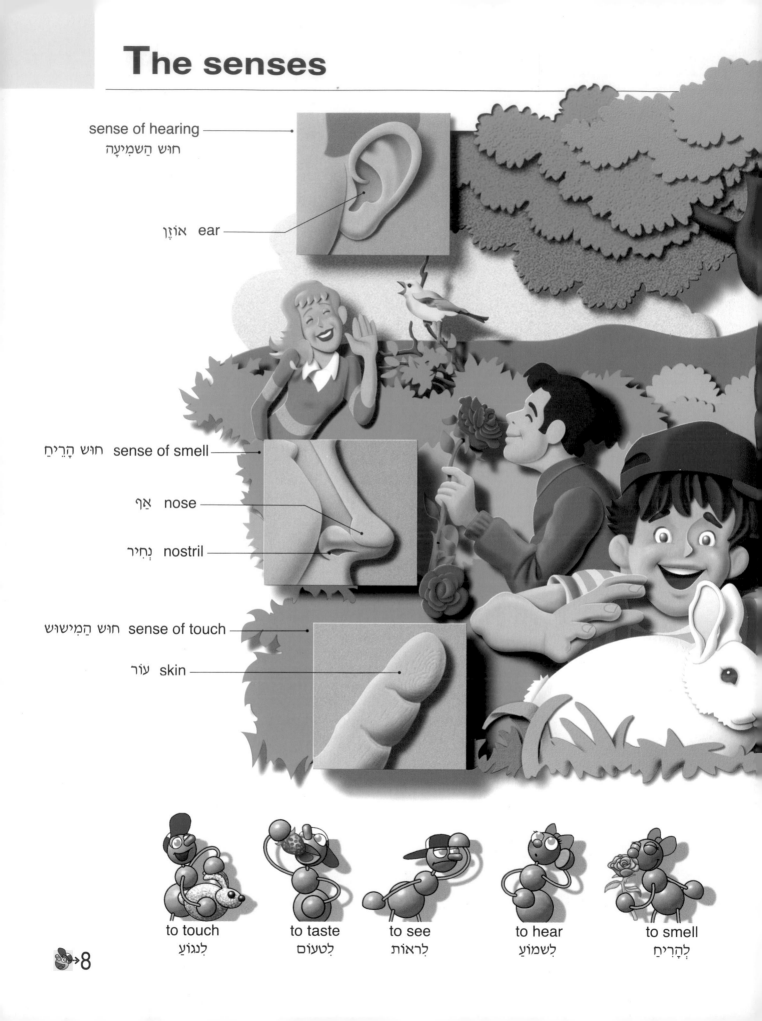

עוֹר skin

to touch
לִנגוֹעַ

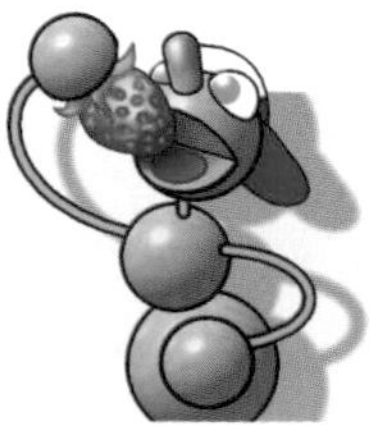

to taste
לִטעוֹם

to see
לִראוֹת

to hear
לִשמוֹעַ

to smell
לְהָרִיחַ

הַחוּשִׁים

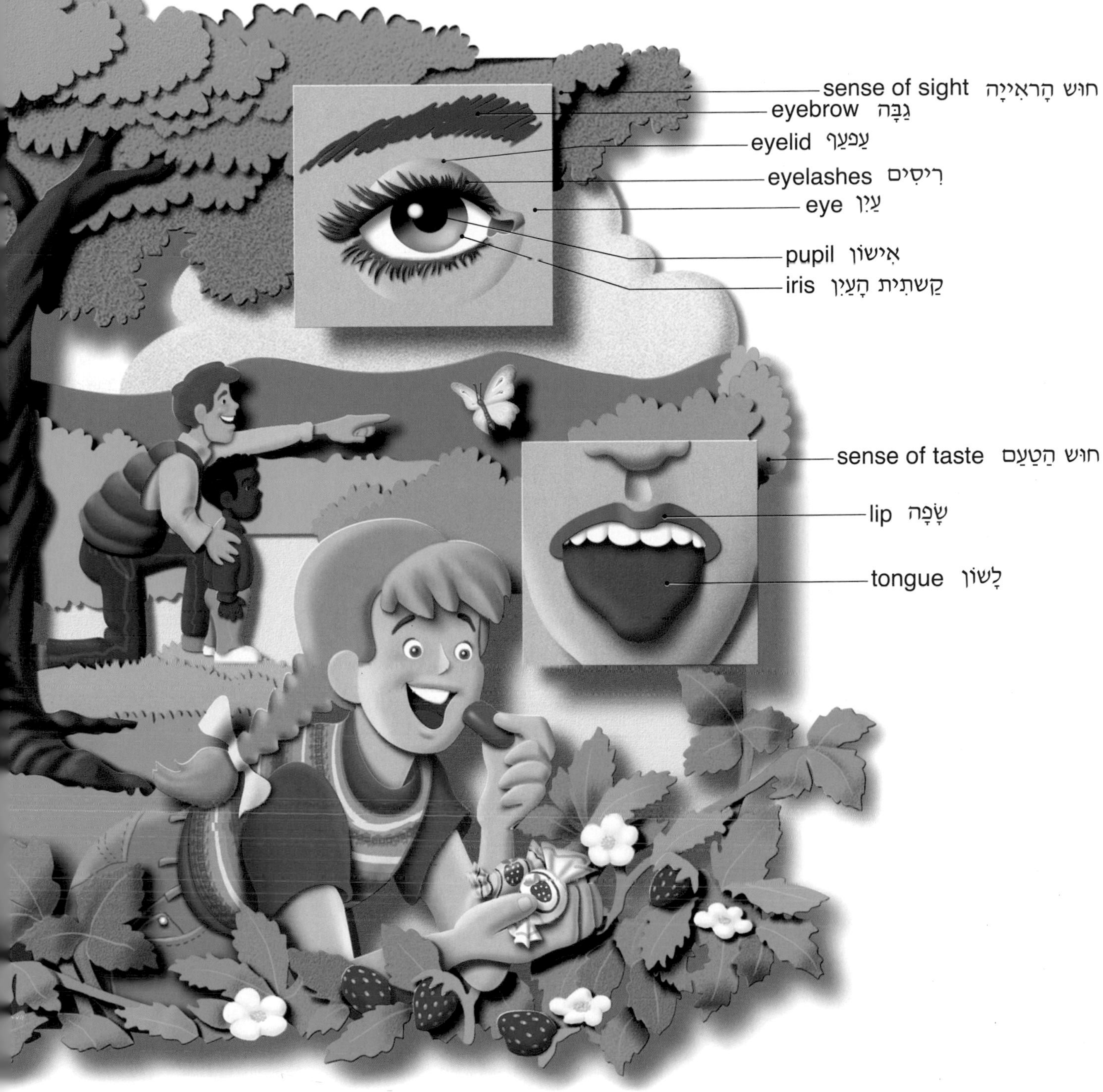

חוּשׁ הָרְאִיָּה sense of sight
גַּבָּה eyebrow
עַפְעַף eyelid
רִיסִים eyelashes
עַיִן eye
אִישׁוֹן pupil
קַשְׁתִּית הָעַיִן iris

חוּשׁ הַטַּעַם sense of taste
שָׂפָה lip
לָשׁוֹן tongue

cold קַר
hot חַם
hard קָשֶׁה
soft רַךְ

The family הַמִּשְׁפָּחָה

אַבָּא father
אִימָא mother
grandfather סַבָּא
grandmother סַבתָא
אָחוֹת sister
אָח brother
uncle וד
aunt ודה
baby ינוק
cousin בֶּן־דוֹד
to love לֶאֱהוֹב
to shout לִצעוֹק
to laugh לִצחוֹק
to cry לִבכּוֹת
waaah!
young צָעִיר
old זְקֵנָה
happy שְׂמֵחָה
sad עֲצוּבָה
quiet שָׁקֵט
noisy רַעֲשָׁנִי

A party מְסִיבָּה

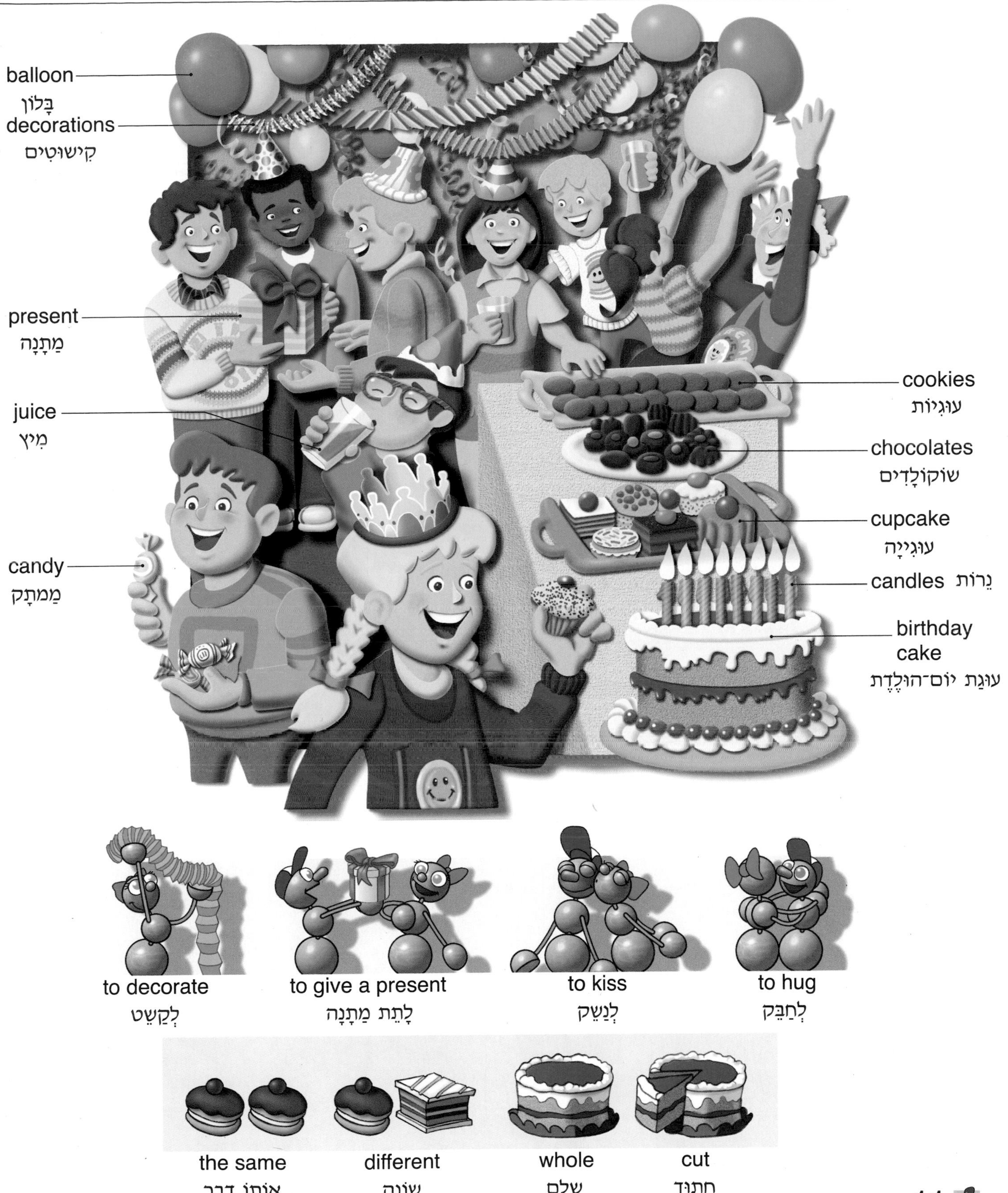

balloon
בָּלוֹן
decorations
קִישׁוּטִים
present
מַתָּנָה
juice
מִיץ
candy
מַמְתָּק
cookies
עוּגִיּוֹת
chocolates
שׁוֹקוֹלָדִים
cupcake
עוּגִיָּה
candles נֵרוֹת
birthday cake
עוּגַת יוֹם־הוּלֶדֶת
to decorate
לְקַשֵּׁט
to give a present
לָתֵת מַתָּנָה
to kiss
לְנַשֵּׁק
to hug
לְחַבֵּק
the same
אוֹתוֹ דָּבָר
different
שׁוֹנֶה
whole
שָׁלֵם
cut
חָתוּךְ

Clothes

כּוֹבַע hat
cardigan
סְוֶודֶר פָּתוּחַ
חוּלְצָה shirt
כַּפְתוֹר button
חֲגוֹרָה belt
skirt
חֲצָאִית
גַּרְבִּיוֹנִים tights
נַעַל shoe
cap כּוֹבַע
jacket
מְעִיל קָצָר
sweater
סְוֶודֶר
pants
מִכְנָסַיִים
sock גֶּרֶב
running shoes נַעֲלֵי ־יצָה
to get dressed
לְהִתְלַבֵּשׁ
to get undressed
לְהִתְפַּשֵּׁט
to button up
לְכַפְתֵּר
to unbutton
לִפְתּוֹחַ כַּפְתּוֹרִים
short
קָצָר
long
אָרוֹךְ
creased
מְקוּמֶּטֶת
ironed
מְגוֹהֶצֶת

בְּגָדִים

חוּלְצַת טִי t-shirt
bathrobe
חָלוּק
nightie
כֻּתֹּנֶת לַיְלָה
pajamas
פִּיגָ'מָה
תַּחְתּוֹנִים
panties
boxer shorts
תַּחְתּוֹנִים
slipper
נַעַל בַּיִת
לְנַעֹל to put on לַחֲבֹּשׁ
לְהוֹרִיד to take off לְהָסִיר
dirty
מְלוּכְלָךְ
clean
נָקִי
tight
צָמוּד
loose
רָחָב

The house הַבַּיִת

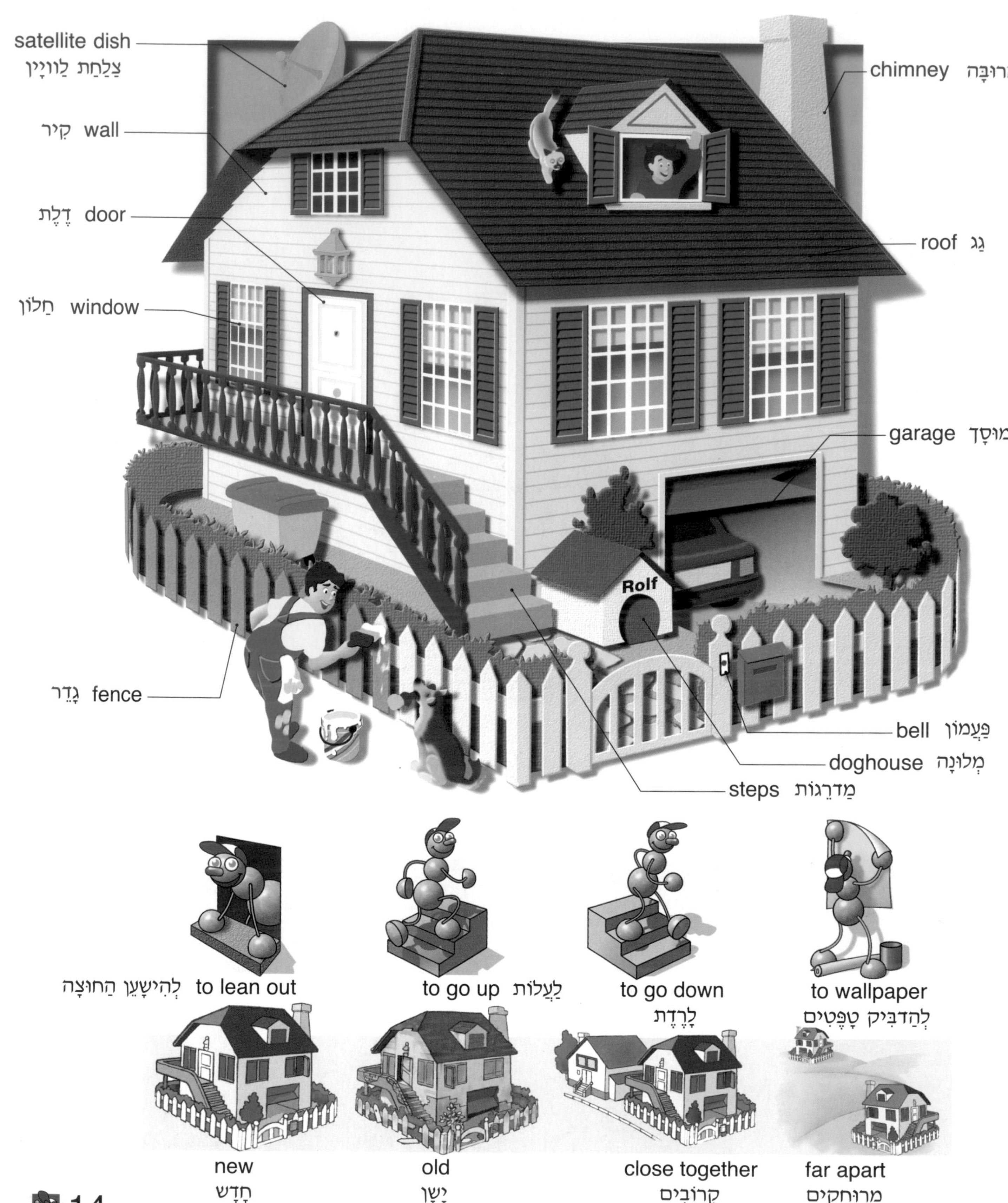

satellite dish צַלַּחַת לַוְיָן
קִיר wall
דֶּלֶת door
חַלּוֹן window
גָּדֵר fence
chimney אֲרֻבָּה
roof גַּג
garage מוּסָךְ
Rolf
bell פַּעֲמוֹן
doghouse מְלוּנָה
steps מַדְרֵגוֹת
לְהִישָּׁעֵן הַחוּצָה to lean out
to go up לַעֲלוֹת
to go down
לָרֶדֶת
to wallpaper
לְהַדְבִּיק טַפֵּטִים
new
חָדָשׁ
old
יָשָׁן
close together
קְרוֹבִים
far apart
מְרוּחָקִים

The living room חֲדַר הָאוֹרְחִים

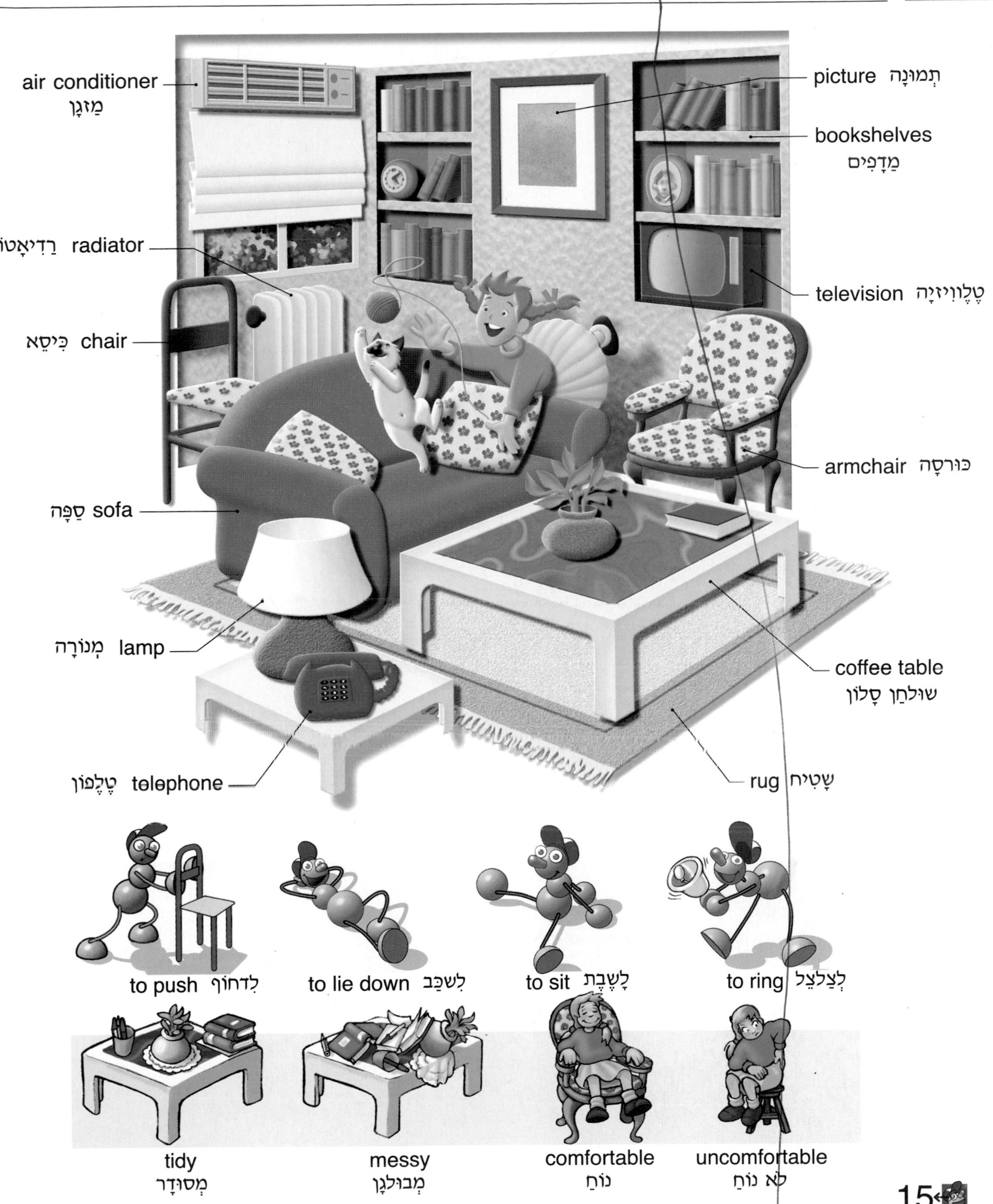

air conditioner מַזְגָן
radiator רַדְיאָטוֹר
chair כִּיסֵא
sofa סַפָּה
lamp מְנוֹרָה
telephone טֶלֶפוֹן
picture תְּמוּנָה
bookshelves מַדָּפִים
television טֶלֶוִויזְיָה
armchair כּוּרְסָה
coffee table שׁוּלְחַן סָלוֹן
rug שָׁטִיחַ
to push לִדְחוֹף
to lie down לִשְׁכַּב
to sit לָשֶׁבֶת
to ring לְצַלְצֵל
tidy מְסוּדָּר
messy מְבוּלְגָּן
comfortable נוֹחַ
uncomfortable לֹא נוֹחַ

The bedroom חֲדַר הַשֵּׁינָה

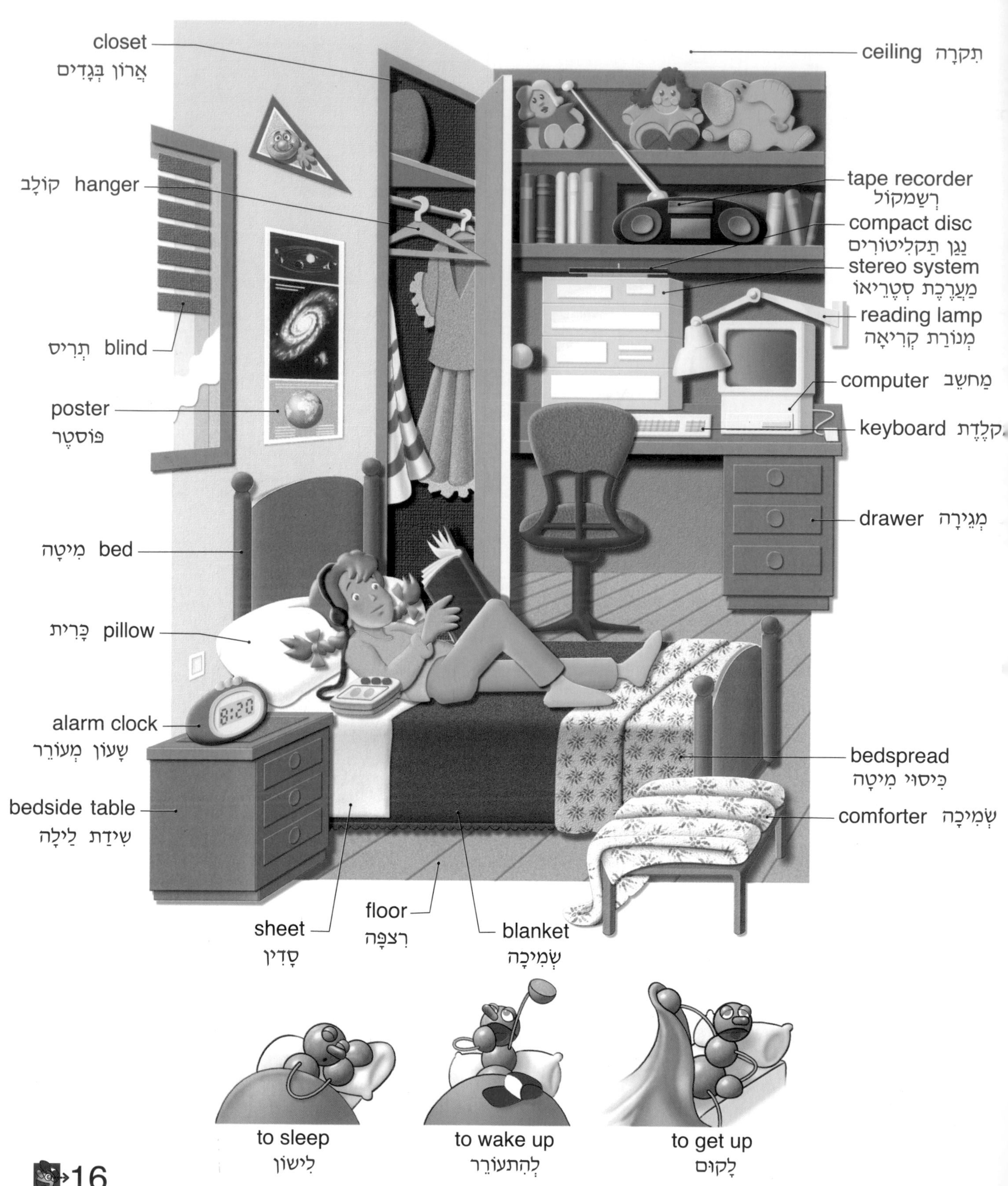

closet
אֲרוֹן בְּגָדִים
ceiling תִּקְרָה
hanger קוֹלָב
tape recorder
רְשַׁמְקוֹל
compact disc
נַגָּן תַּקְלִיטוֹרִים
stereo system
מַעֲרֶכֶת סְטֶרֵיאוֹ
reading lamp
מְנוֹרַת קְרִיאָה
blind תְּרִיס
poster
פּוֹסְטֶר
computer מַחְשֵׁב
keyboard מִקְלֶדֶת
drawer מְגֵירָה
bed מִיטָּה
pillow כָּרִית
alarm clock
שָׁעוֹן מְעוֹרֵר
8:20
bedspread
כִּיסּוּי מִיטָּה
bedside table
שִׁידַּת לַיְלָה
comforter שְׂמִיכָה
floor
רִצְפָּה
sheet
סָדִין
blanket
שְׂמִיכָה
to sleep
לִישׁוֹן
to wake up
לְהִתְעוֹרֵר
to get up
לָקוּם

The bathroom חֲדַר הָאַמְבַּטְיָה

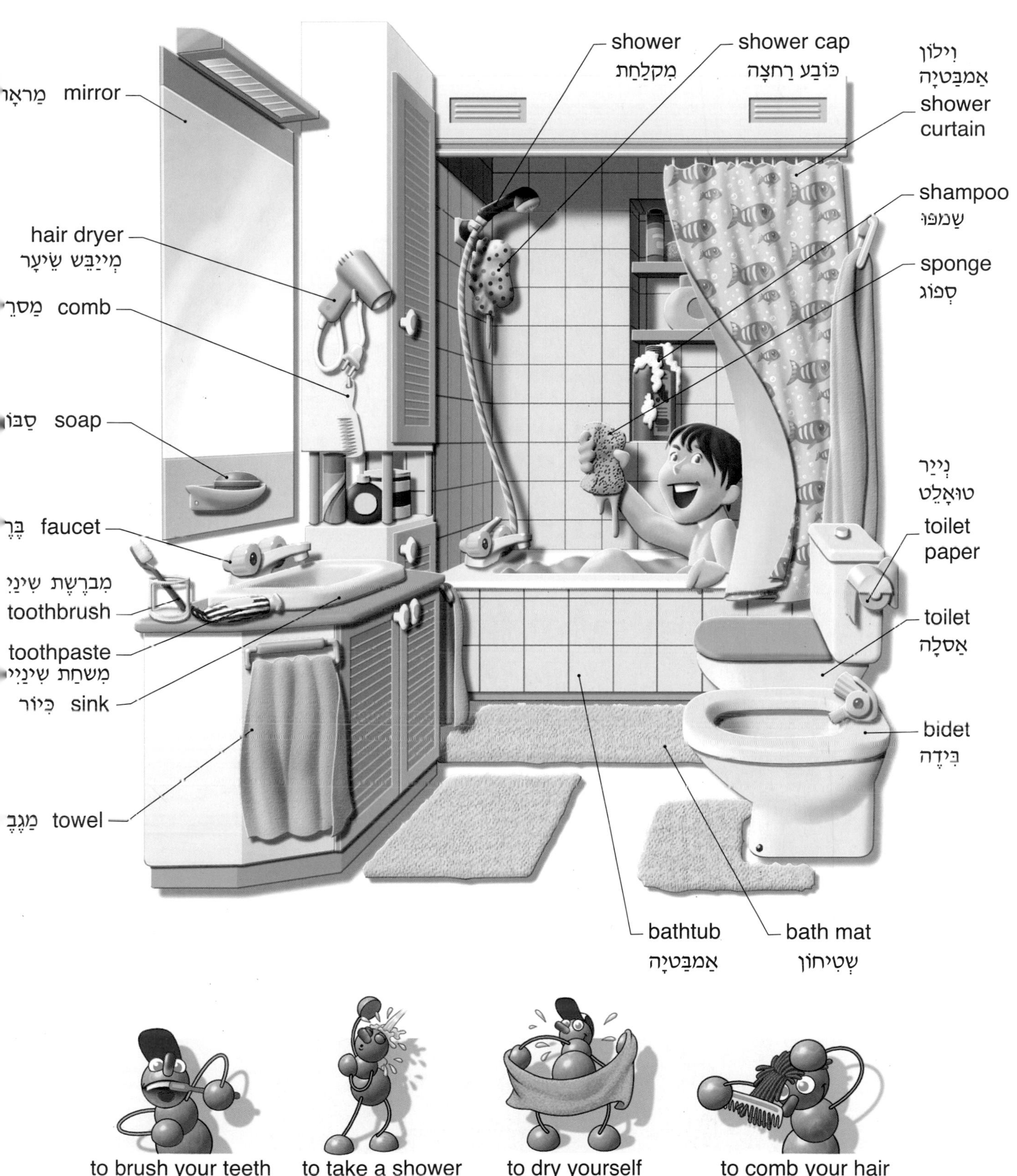

mirror מַרְאָה
hair dryer מְיַיבֵּשׁ שֵׂיעָר
comb מַסְרֵק
soap סַבּוֹן
faucet בֶּרֶז
מִבְרֶשֶׁת שִׁינַּיִ
toothbrush
toothpaste
מִשְׁחַת שִׁינַּיִי
sink כִּיּוֹר
towel מַגֶּבֶ
shower
מִקְלַחַת
shower cap
כּוֹבַע רַחְצָה
וִילוֹן
אַמְבַּטְיָה
shower
curtain
shampoo
שַׁמְפּוֹ
sponge
סְפוֹג
נְיַיר
טוּאָלֶט
toilet
paper
toilet
אַסְלָה
bidet
בִּידֶה
bathtub
אַמְבַּטְיָה
bath mat
שְׁטִיחוֹן

to brush your teeth
לְצַחְצֵחַ שִׁינַּיִים

to take a shower
לְהִתְקַלֵּחַ

to dry yourself
לְהִתְנַגֵּב

to comb your hair
לְהִסְתָּרֵק

The kitchen

מְקָרֵר fridge
כִּיּוֹר sink
אֲגַרְטָל vase
מְעַרְבֵּל mixer
coffee-maker
מְכוֹנַת קָפֶה
בְּלֶנְדֵר blender
washing machine
מְכוֹנַת כְּבִיסָה
פּוּמפִּייָה grater
שׁוּלְחָן table
corkscrew
חוֹלֵץ פְּקָקִים
can-opener
פּוֹתחַן קוּפסָאוֹת
מַזְלֵג fork
כּוֹס glass
צַלַּחַת לְמָרָק soup bowl
צַלַּחַת plate
קְעָרָה bowl
סַכִּין knife
כַּף spoon
to stir
לִבחוֹשׁ
to grate
לְרַסֵּק ; לְגָרֵד
to cut
לַחְתּוֹך
to chop
לִקצוֹץ

הַמִטְבָּח

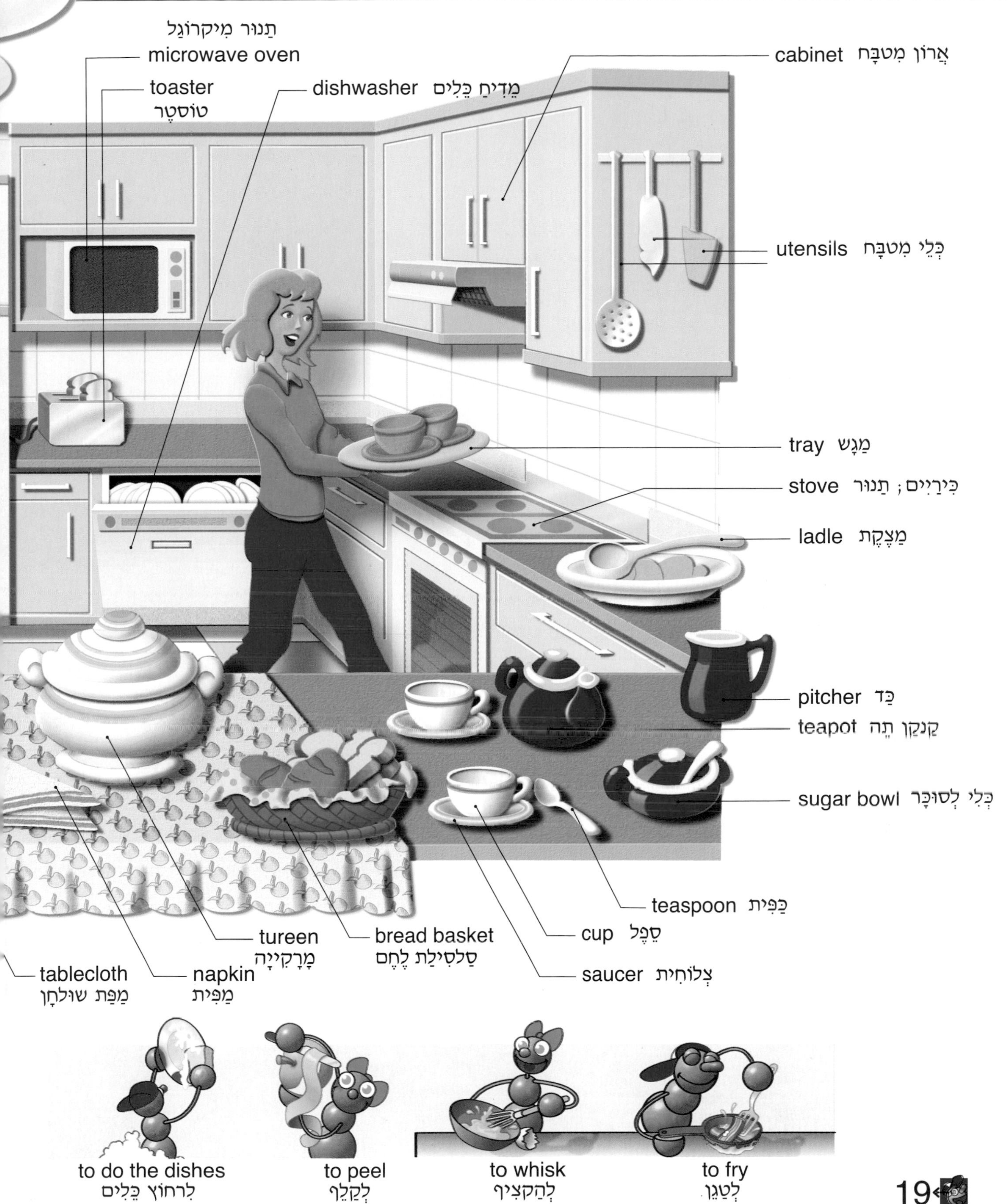

תַנוּר מִיקרוֹגַל
microwave oven
toaster
טוֹסטֶר
dishwasher מֵדִיחַ כֵּלִים
cabinet אֲרוֹן מִטבָּח
utensils כְּלֵי מִטבָּח
tray מַגָש
stove כִּירַיִים ; תַנוּר
ladle מַצֶקֶת
pitcher כַּד
teapot קֻנקַן תֵה
sugar bowl כְּלִי לְסוּכָּר
teaspoon כַּפִּית
cup סֵפֶל
saucer צְלוֹחִית
tureen
מָרָקִייָה
bread basket
סַלסִילַת לֶחֶם
tablecloth
מַפַּת שוּלחָן
napkin
מַפִּית
to do the dishes
לִרחוֹץ כֵּלִים
to peel
לְקַלֵף
to whisk
לְהַקצִיף
to fry
לְטַגֵן

Where are they?

מוּל in front of
מֵעַל above
on
עַל
under
מִתַּחַת ל־
מִתַּחַת below
near
קָרוֹב
far
רָחוֹק
to overtake
לַעֲקוֹף
to face
לַעֲמוֹד מוּל
to go away
לָלֶכֶת ; לְהִסְתַּלֵּק
to approach
לְהִתְקָרֵב

אֵיפֹה הֵם?

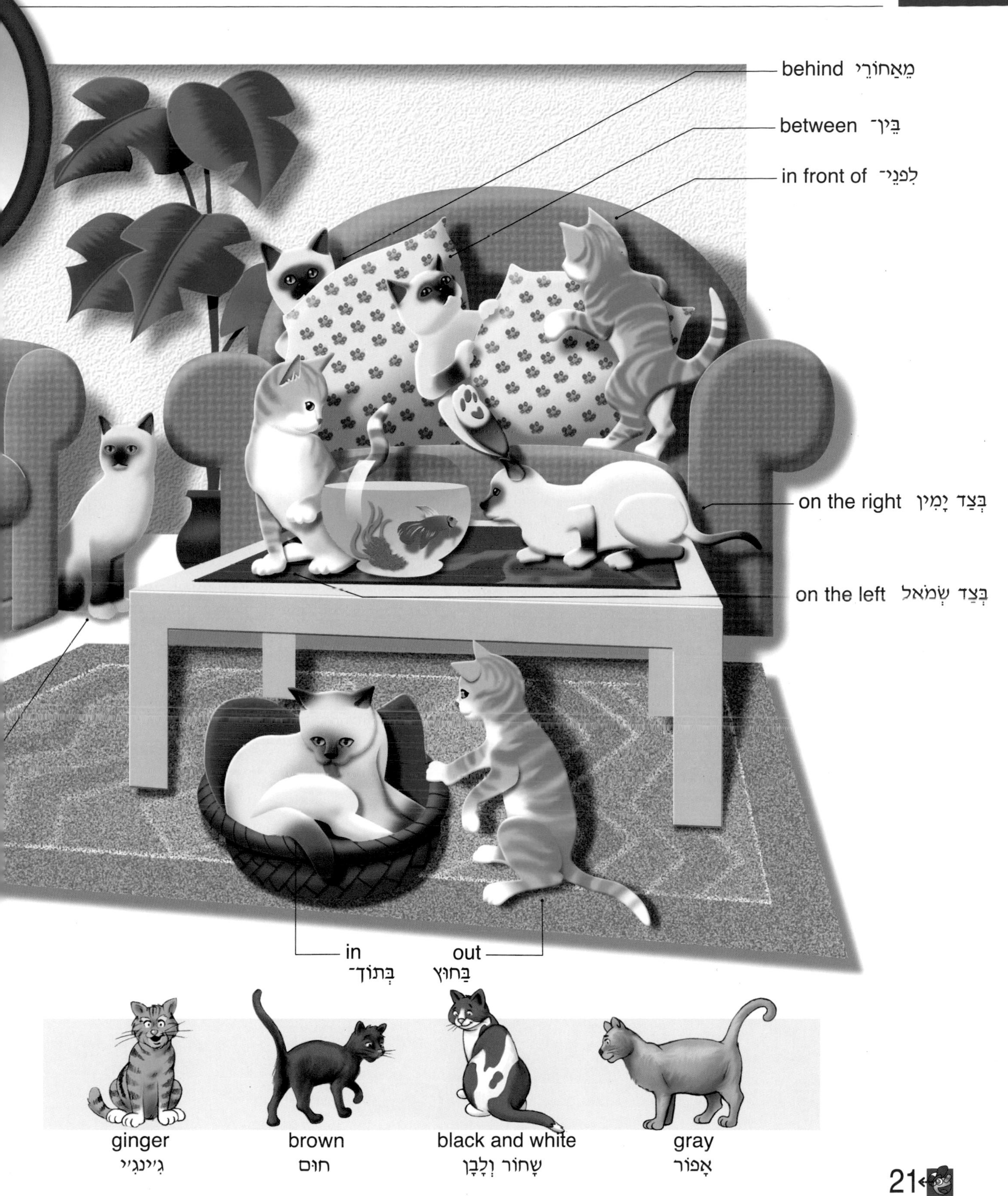

behind מֵאֲחוֹרֵי
between בֵּין־
in front of לִפְנֵי־
on the right בְּצַד יָמִין
on the left בְּצַד שְׂמֹאל
in בְּתוֹךְ־
out בַּחוּץ
ginger ג'ִינְגִ'י
brown חוּם
black and white שָׁחוֹר וְלָבָן
gray אָפוֹר

In the classroom

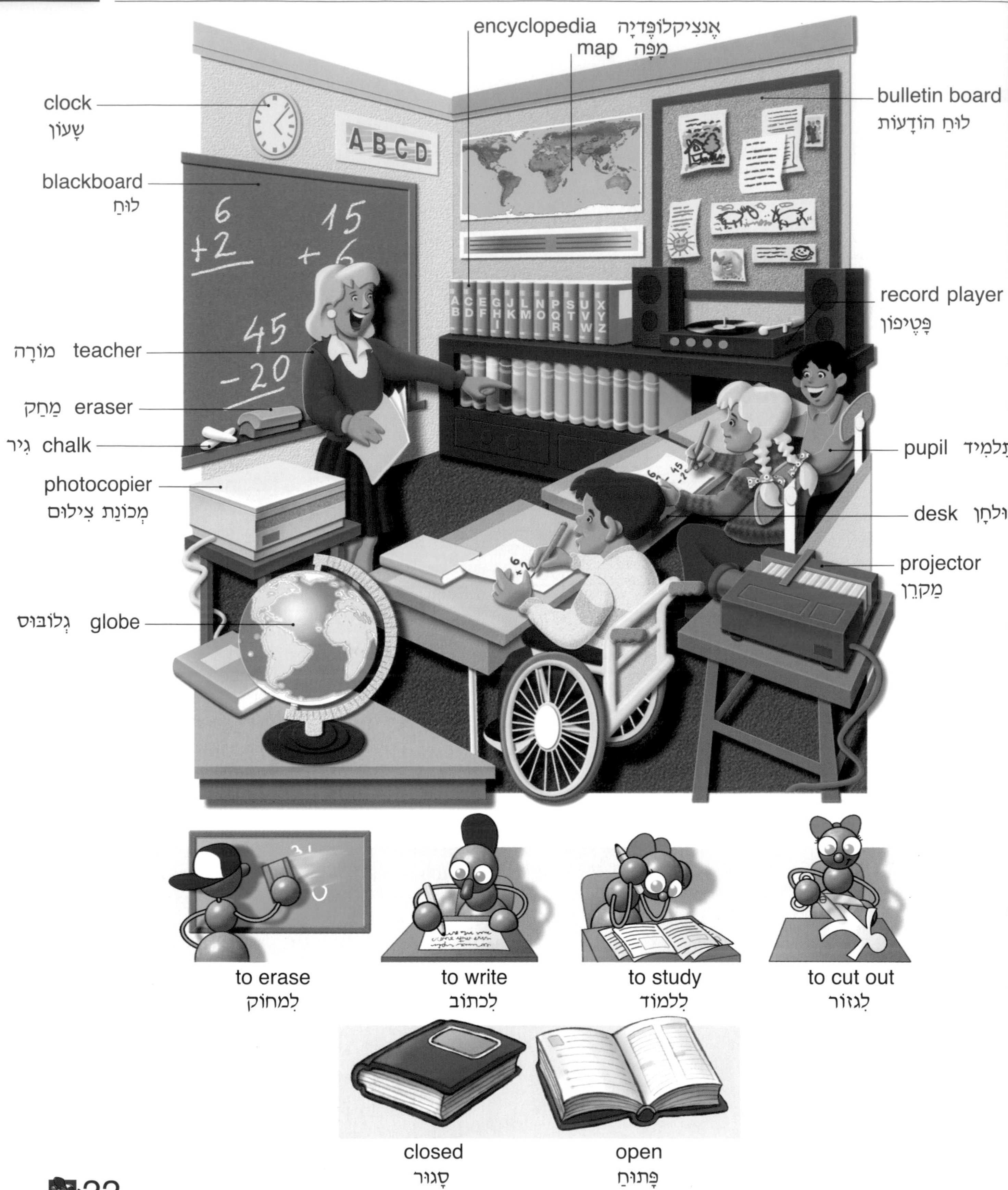

encyclopedia אֶנצִיקלוֹפֶּדיָה
map מַפָּה
clock
שָׁעוֹן
bulletin board
לוּחַ הוֹדָעוֹת
blackboard
לוּחַ
6
+2
15
+6
45
-20
A B C D
record player
פָּטֵיפוֹן
מוֹרָה teacher
מַחַק eraser
גִיר chalk
pupil תַלמִיד
photocopier
מְכוֹנַת צִילוּם
desk שוּלחָן
projector
מַקרֵן
גְלוֹבּוּס globe
to erase
לִמחוֹק
to write
לִכתוֹב
to study
לִלמוֹד
to cut out
לִגזוֹר
closed
סָגוּר
open
פָּתוּחַ

בַּכִּיתָּה

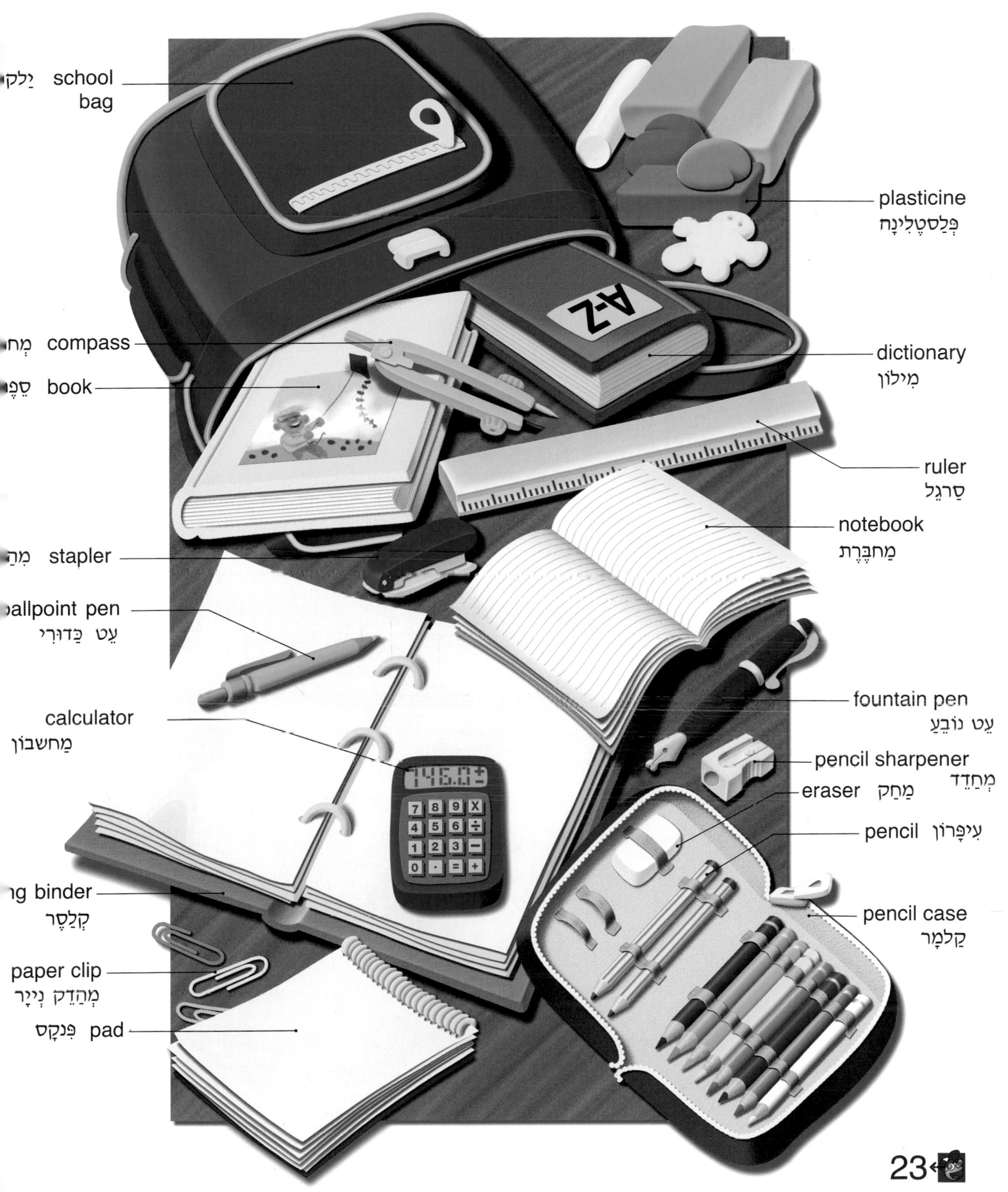

יַלְק school bag
plasticine
פְּלַסְטֶלִינָה
מְח compass
סֵפֶ book
dictionary
מִילוֹן
ruler
סַרגֵל
notebook
מַחבֶּרֶת
מְהַ stapler
allpoint pen
עֵט כַּדוּרִי
fountain pen
עֵט נוֹבֵעַ
calculator
מַחשבוֹן
pencil sharpener
מְחַדֵד
eraser מַחַק
pencil עִיפָּרוֹן
g binder
קְלַסֵר
pencil case
קַלְמָר
paper clip
מְהַדֵק נְייָר
פִּנְקָס pad
A-Z

Colors

rainbow קֶשֶׁת

gray אָפוֹר

pink וָרוֹד

brown חוּם

green יָרוֹק

orange כָּתוֹם

to draw
לְצַיֵּר

to paint
לִצְבּוֹעַ ; לְצַיֵּר

to scribble
לְקַשְׁקֵשׁ

צְבָעִים

yellow צָהוֹב

red אָדוֹם

blue כָּחוֹל

purple סָגוֹל

black שָׁחוֹר

white לָבָן

dark
כֵּהֶה

light
בָּהִיר

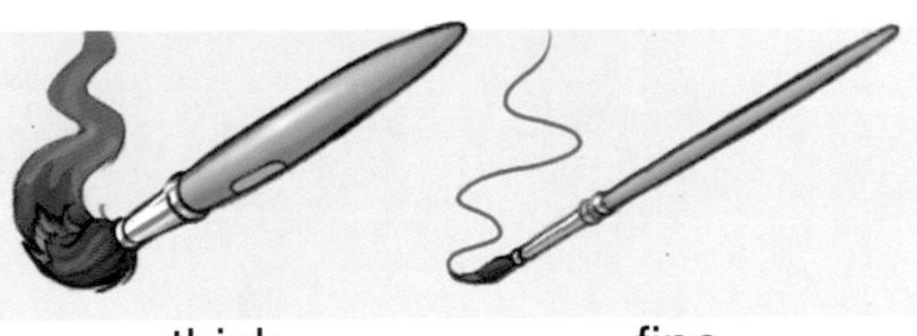

thick
עָבֶה

fine
דַּק

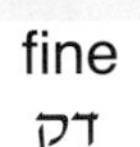

Numbers and shapes

first	second	third	fourth
ראשון	שני	שלישי	רביעי

1	2	3	4	5	6	7	8	9	10
אחת	שתיים	שלוש	ארבע	חמש	שש	שבע	שמונה	תשע	עשר
one	two	three	four	five	six	seven	eight	nine	ten

11	12	13	14	15	16	17	18	19	20
אחת-עשרה	שתים-עשרה	שלוש-עשרה	ארבע-עשרה	חמש-עשרה	שש-עשרה	שבע-עשרה	שמונה-עשרה	תשע-עשרה	עשרים
eleven	twelve	thirteen	fourteen	fifteen	sixteen	seventeen	eighteen	nineteen	twenty

30	40	50	60	70	80	90	100
thirty	forty	fifty	sixty	seventy	eighty	ninety	one hundred
שלושים	ארבעים	חמישים	שישים	שבעים	שמונים	תשעים	מאה

1000	1000000
one thousand	one million
אלף	מיליון

+1
1
2

to add
לְחַבֵּר

8
-5
3

to subtract
לְהַפְחִית

2
x3
6

to multiply
לְהַכְפִּיל

8 | 2
4

to divide
לְחַלֵּק

מִסְפָּרִים וְצוּרוֹת

שִׁשִּׁי	שְׁבִיעִי	שְׁמִינִי	תְּשִׁיעִי	עֲשִׂירִי
6	7	8	9	10
sixth	seventh	eighth	ninth	tenth

square
רִיבּוּעַ

rectangle
מַלְבֵּן

circle
עִיגּוּל

triangle
מְשׁוּלָּשׁ

cube
קוּבִּיָּיה

sphere
כַּדּוּר

cone
חָרוּט

round
עָגוֹל

rectangular
מַלְבֵּנִי

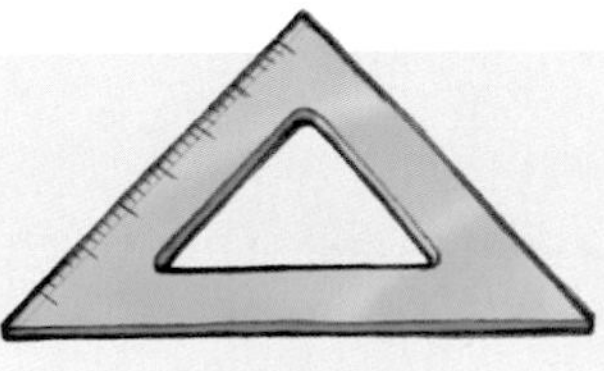
triangular
מְשׁוּלָּשׁ

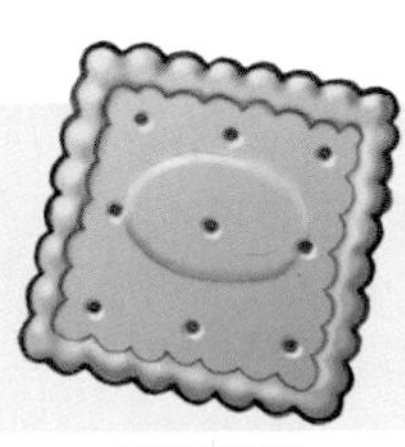
square
מְרוּבָּע

Dinosaurs

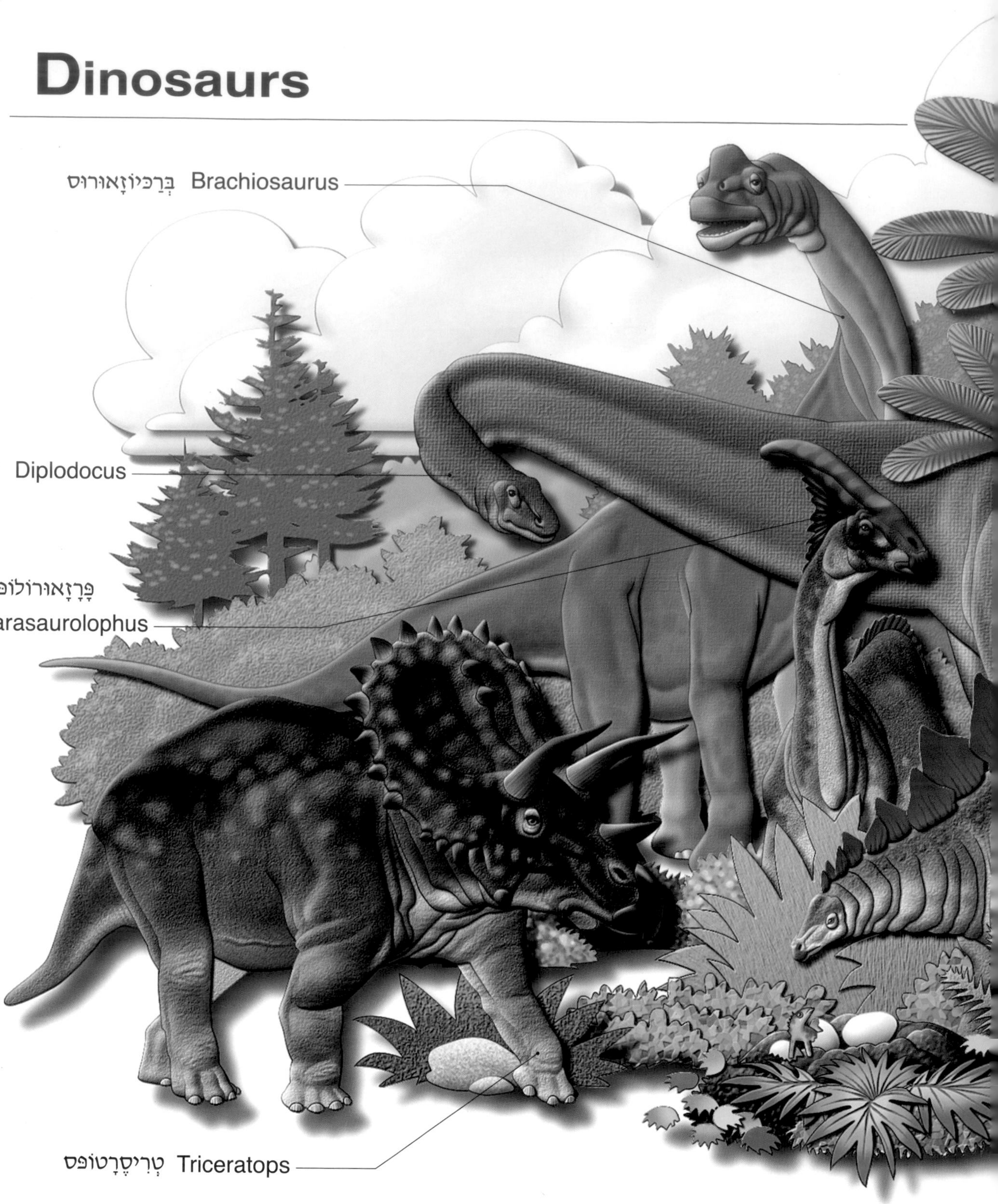

בְּרַכְיוֹזָאוּרוּס Brachiosaurus

דִיפְּלוֹדוֹקוּס Diplodocus

פָּרָזָאוּרוֹלוֹפוּס
Parasaurolophus

טְרִיסֶרָטוֹפְּס Triceratops

to hatch
לִבְקוֹעַ

to swim
לִשְׂחוֹת

to fly
לָעוּף

to die
לָמוּת

דִּינוֹזָאוּרִים

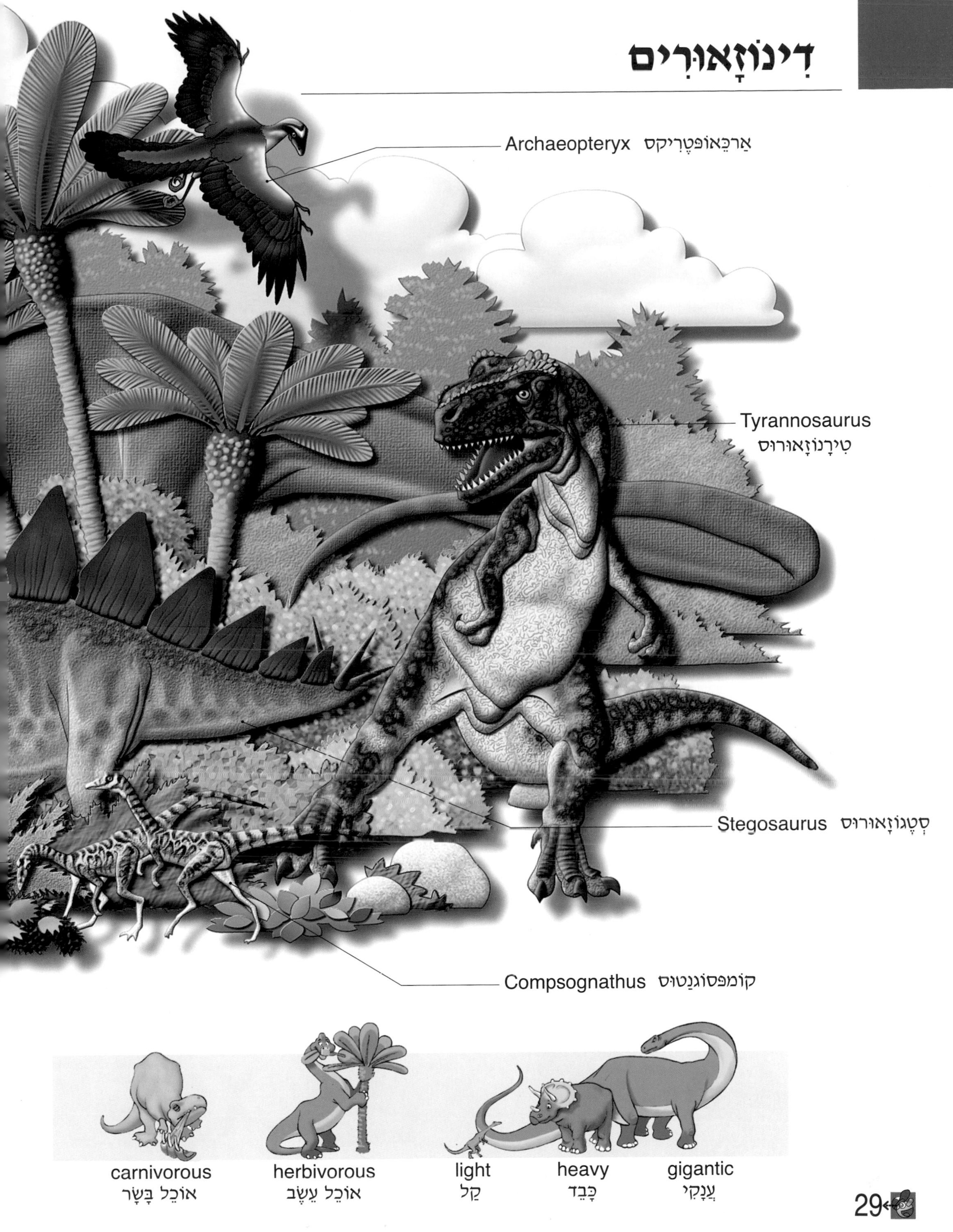
Archaeopteryx אַרְכֵאוֹפְּטֶרִיקְס
Tyrannosaurus
טִירָנוֹזָאוּרוּס
Stegosaurus סְטֶגוֹזָאוּרוּס
Compsognathus קוֹמְפְּסוֹגְנָטוּס
carnivorous
אוֹכֵל בָּשָׂר
herbivorous
אוֹכֵל עֵשֶׂב
light
קַל
heavy
כָּבֵד
gigantic
עֲנָקִי

The cat and the dog הֶחָתוּל וְהַכֶּלֶב

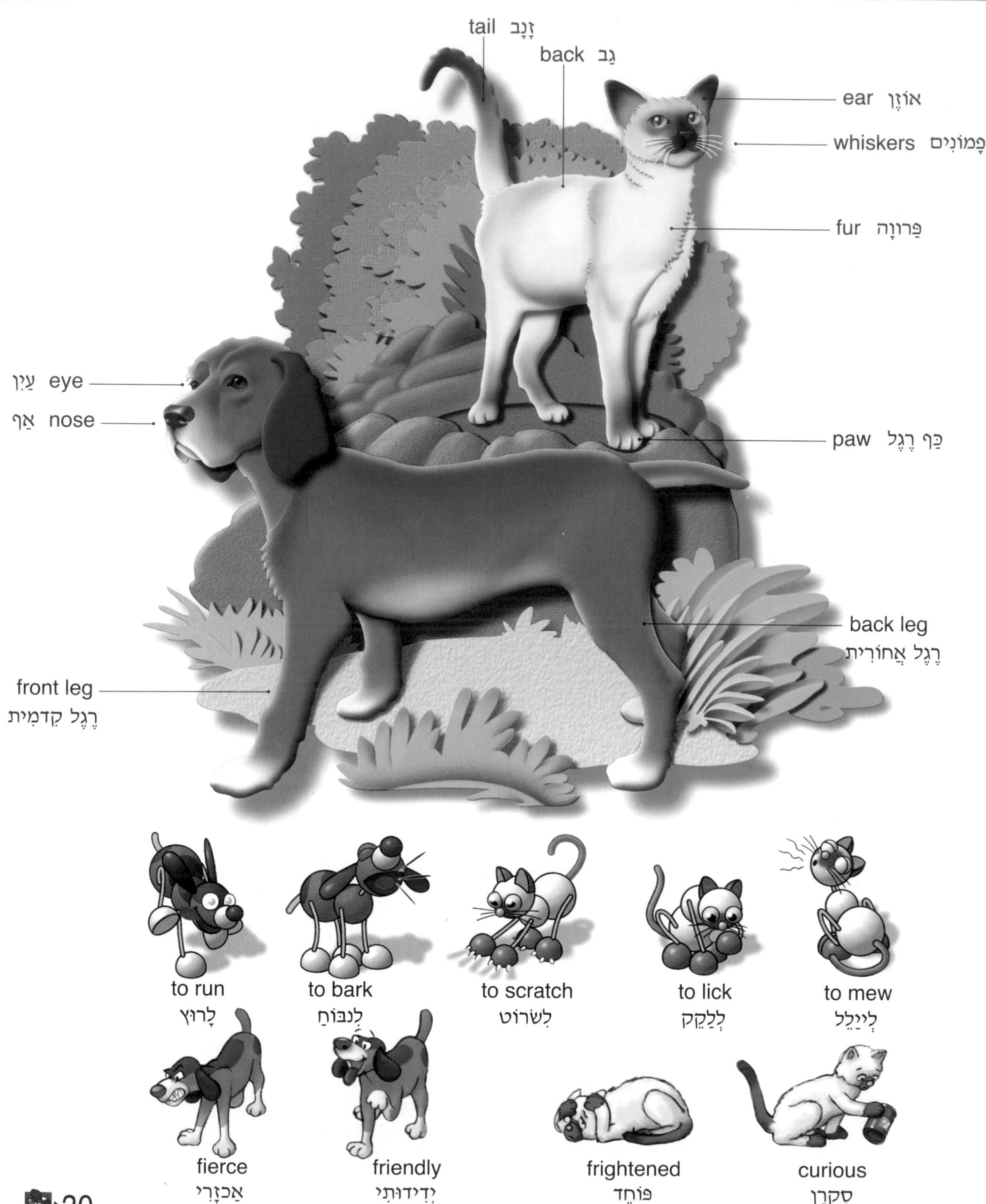

tail זָנָב
back גַּב
ear אוֹזֶן
whiskers שְׂפָמוֹנִים
fur פַּרְוָה
eye עַיִן
nose אַף
paw כַּף רֶגֶל
back leg
רֶגֶל אֲחוֹרִית
front leg
רֶגֶל קִדְמִית
to run
לָרוּץ
to bark
לִנְבּוֹחַ
to scratch
לִשְׂרוֹט
to lick
לְלַקֵּק
to mew
לְיַילֵּל
fierce
אַכְזָרִי
friendly
יְדִידוּתִי
frightened
פּוֹחֵד
curious
סַקְרָן

The horse and the camel הַסּוּס וְהַגָּמָל

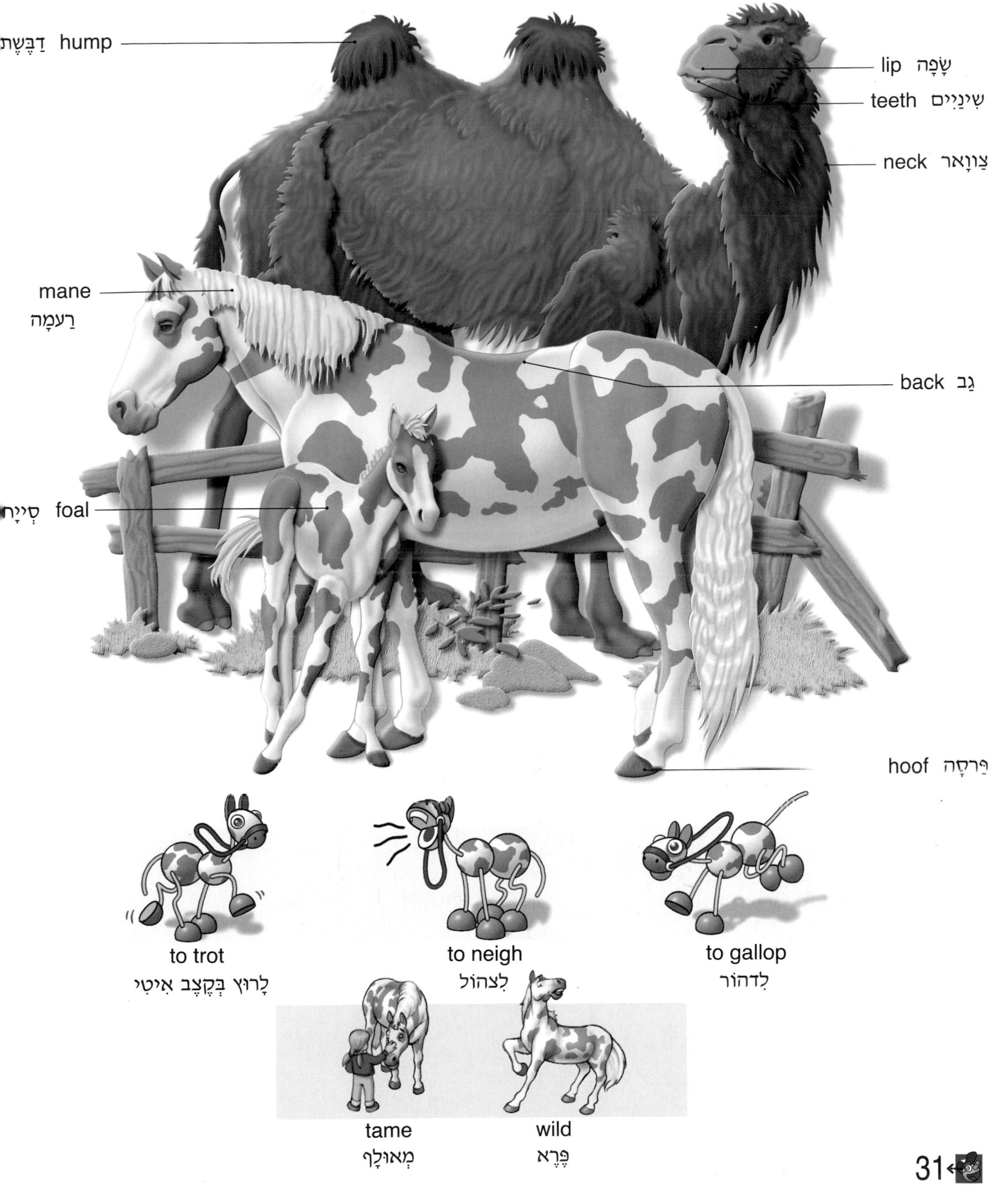

דַּבֶּשֶׁת hump
lip שָׂפָה
teeth שִׁינַּיִים
neck צַוָּואר
mane
רַעֲמָה
back גַּב
סְיָיח foal
hoof פַּרְסָה
to trot
לָרוּץ בְּקֶצֶב אִיטִי
to neigh
לִצהוֹל
to gallop
לִדהוֹר
tame
מְאוּלָף
wild
פֶּרֶא

The sheep and the cow הַכִּבְשָׂה וְהַפָּרָה

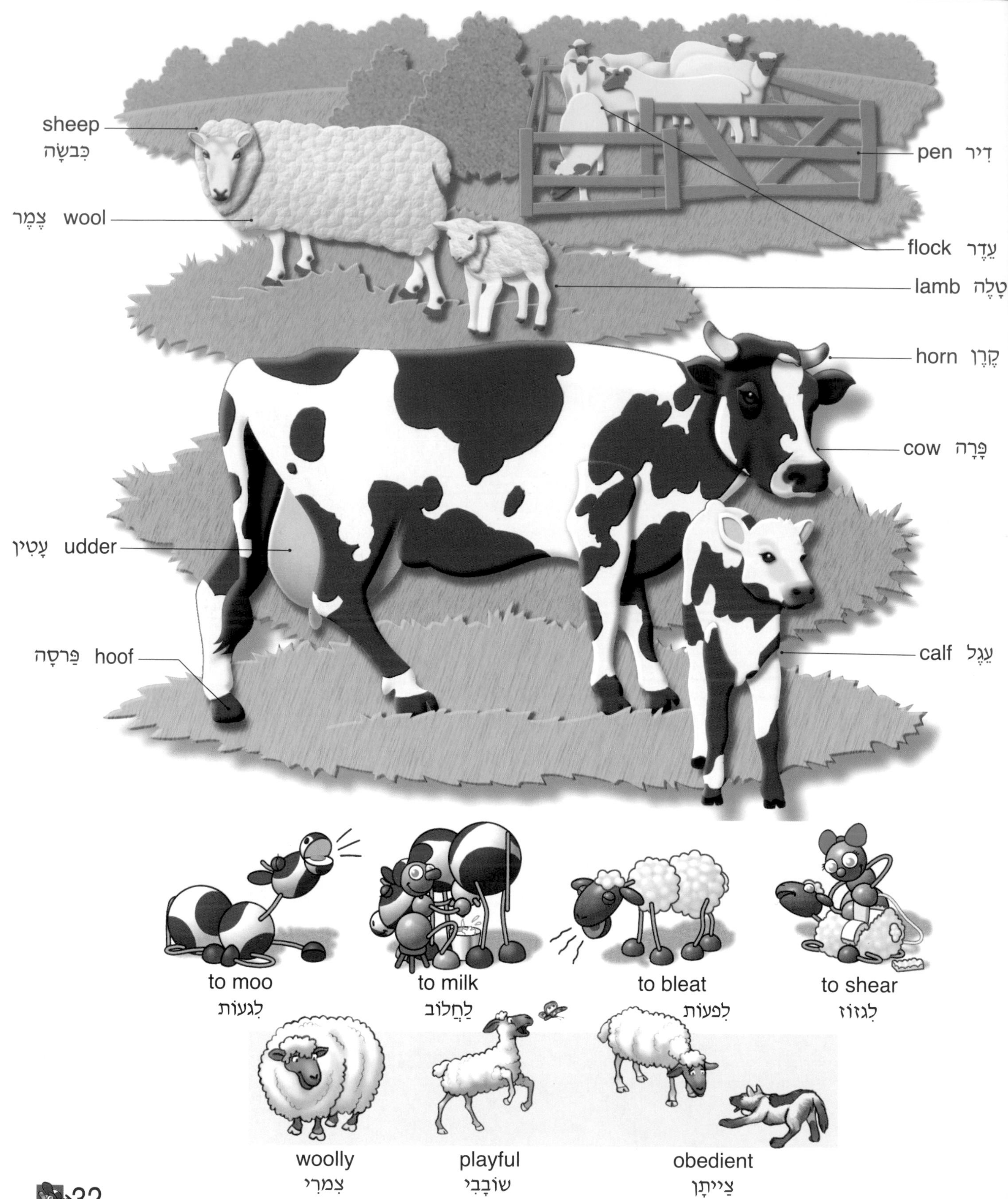
sheep
כִּבְשָׂה
wool צֶמֶר
pen דִּיר
flock עֵדֶר
lamb טָלֶה
horn קֶרֶן
cow פָּרָה
udder עָטִין
hoof פַּרְסָה
calf עֵגֶל
to moo
לִגְעוֹת
to milk
לַחֲלוֹב
to bleat
לִפְעוֹת
to shear
לִגְזוֹז
woolly
צַמְרִי
playful
שׁוֹבָבִי
obedient
צַיְיתָן

The hen and the bird הַתַרנגוֹלֶת וְהַצִיפּוֹר

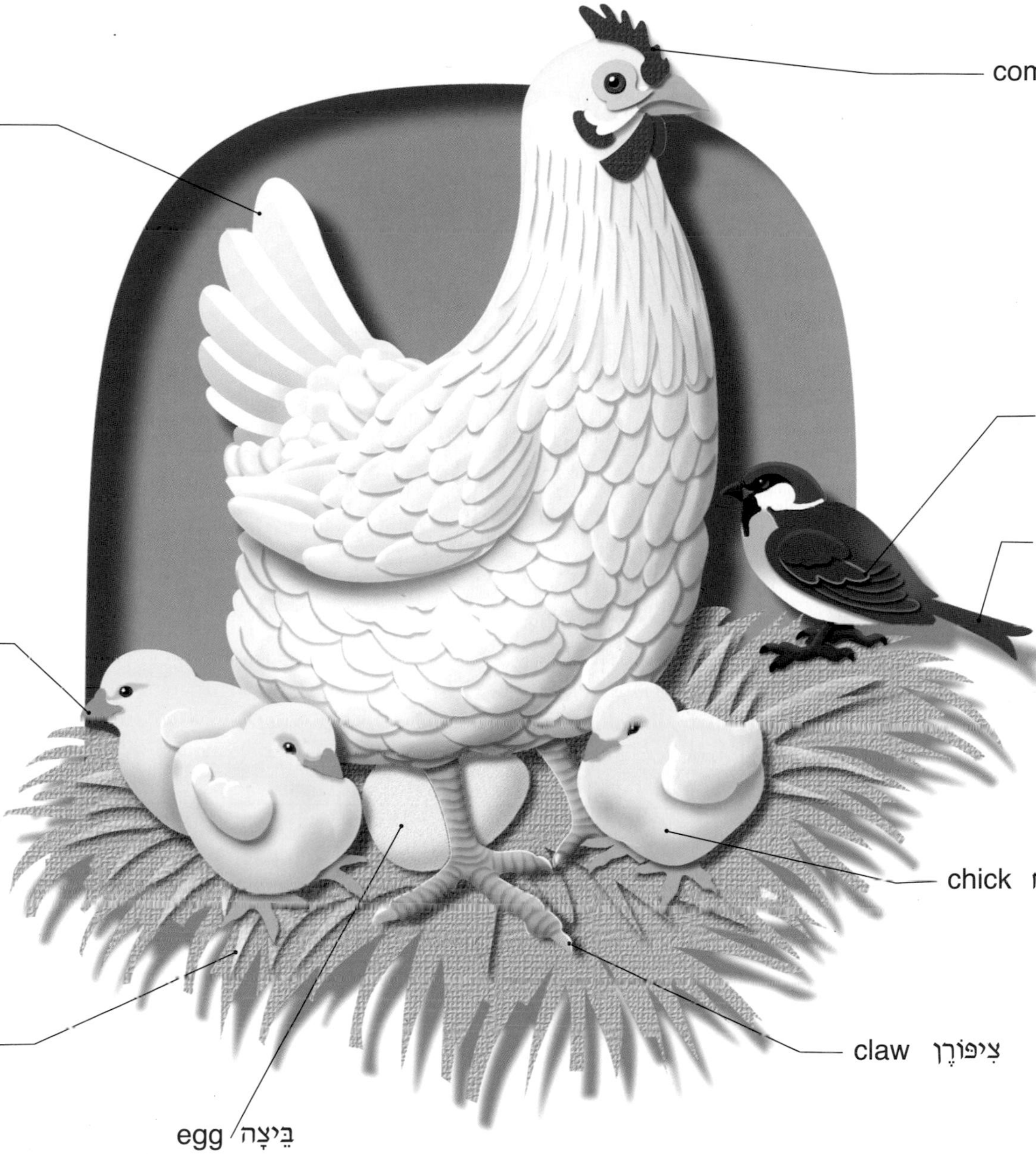

comb כַּרבּוֹלֶת

feathers
נוֹצוֹת

wing כָּנָף

tail זָנָב

מָקוֹר beak

chick אֶפרוֹחַ

קַש straw

claw צִיפּוֹרֶן

egg בֵּיצָה

to cackle
לְקַרקֵר

to scratch
לְגָרֵד

to tweet
לְצַייֵץ

to peck
לְנַקֵר

The snake and the turtle הַנָּחָשׁ וְהַצָּב

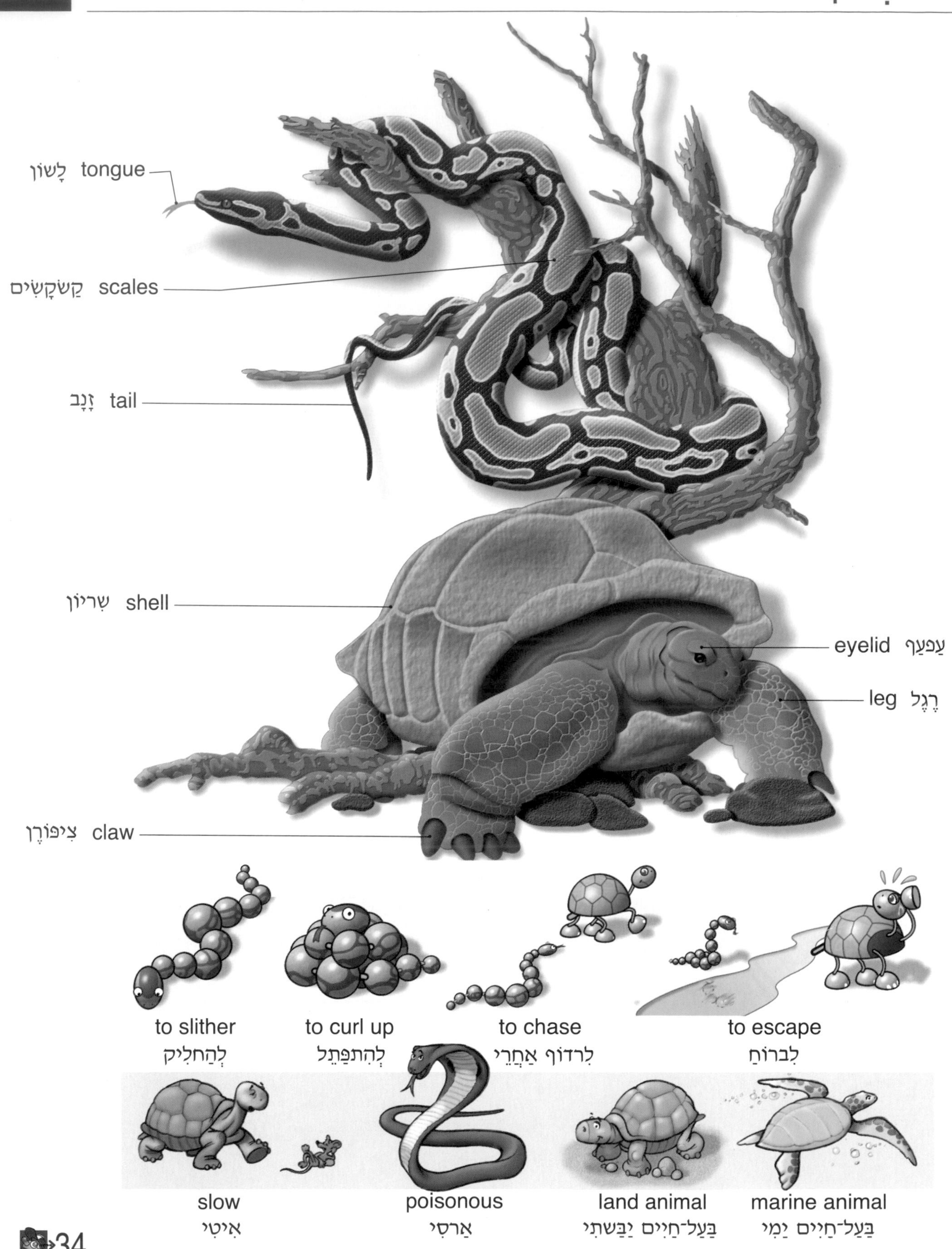
לָשׁוֹן tongue
קַשְׂקַשִּׂים scales
זָנָב tail
שִׁרְיוֹן shell
צִיפּוֹרֶן claw
eyelid עַפְעַף
leg רֶגֶל
to slither
לְהַחְלִיק
to curl up
לְהִתְפַּתֵּל
to chase
לִרְדּוֹף אַחֲרֵי
to escape
לִבְרוֹחַ
slow
אִיטִי
poisonous
אַרְסִי
land animal
בַּעַל־חַיִּים יַבַּשְׁתִּי
marine animal
בַּעַל־חַיִּים יַמִּי

The shark and the sardine הַכָּרִישׁ וְהַסַּרְדִּין

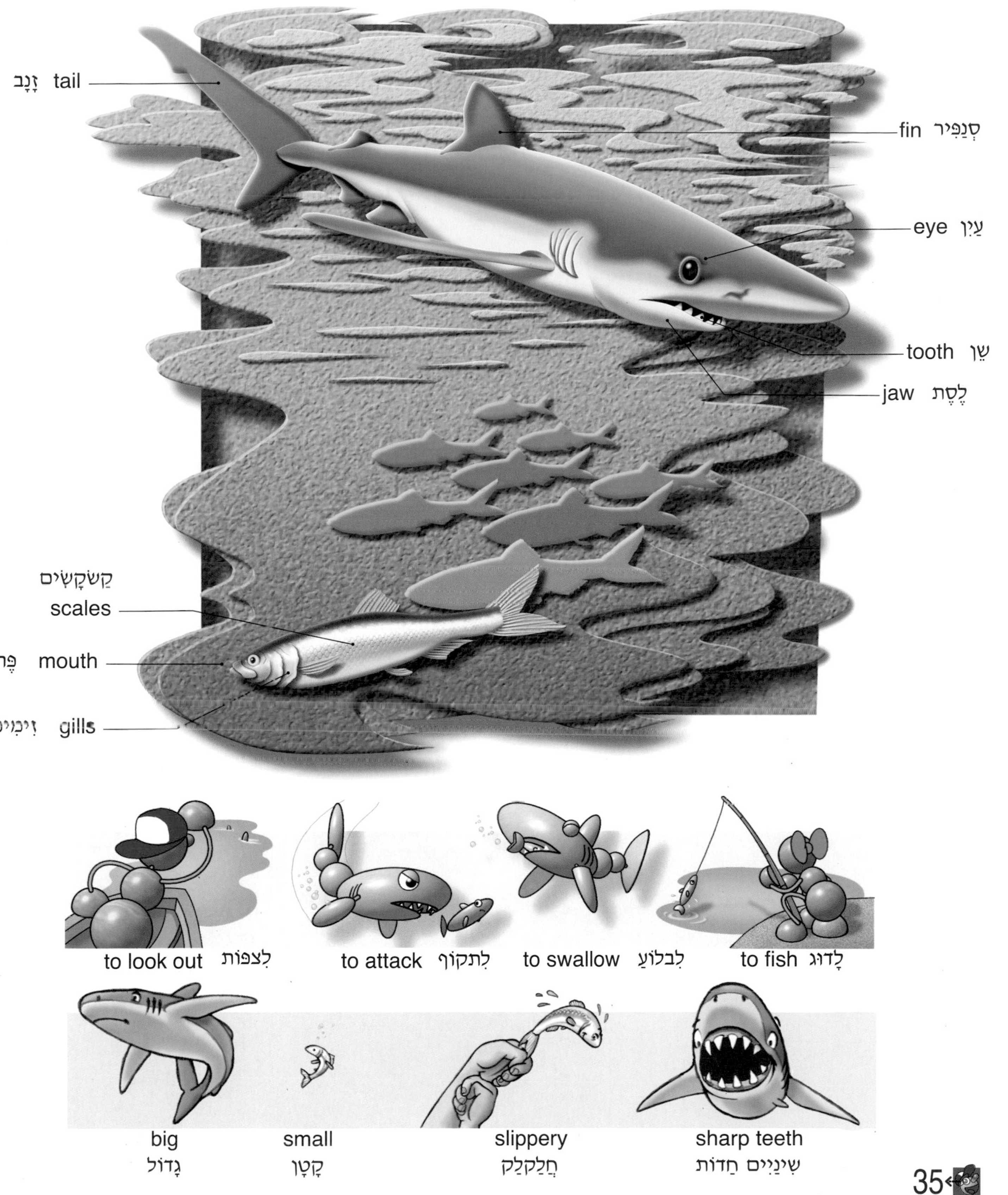

זָנָב tail
fin סְנַפִּיר
eye עַיִן
tooth שֵׁן
jaw לֶסֶת
קַשְׂקַשִּׂים
scales
פֶּה mouth
זִימִים gills
to look out לִצְפּוֹת
to attack לִתְקוֹף
to swallow לִבְלוֹעַ
to fish לָדוּג
big
גָּדוֹל
small
קָטָן
slippery
חֲלַקְלַק
sharp teeth
שִׁנַּיִים חַדּוֹת

The frog הצְפַרְדֵעַ

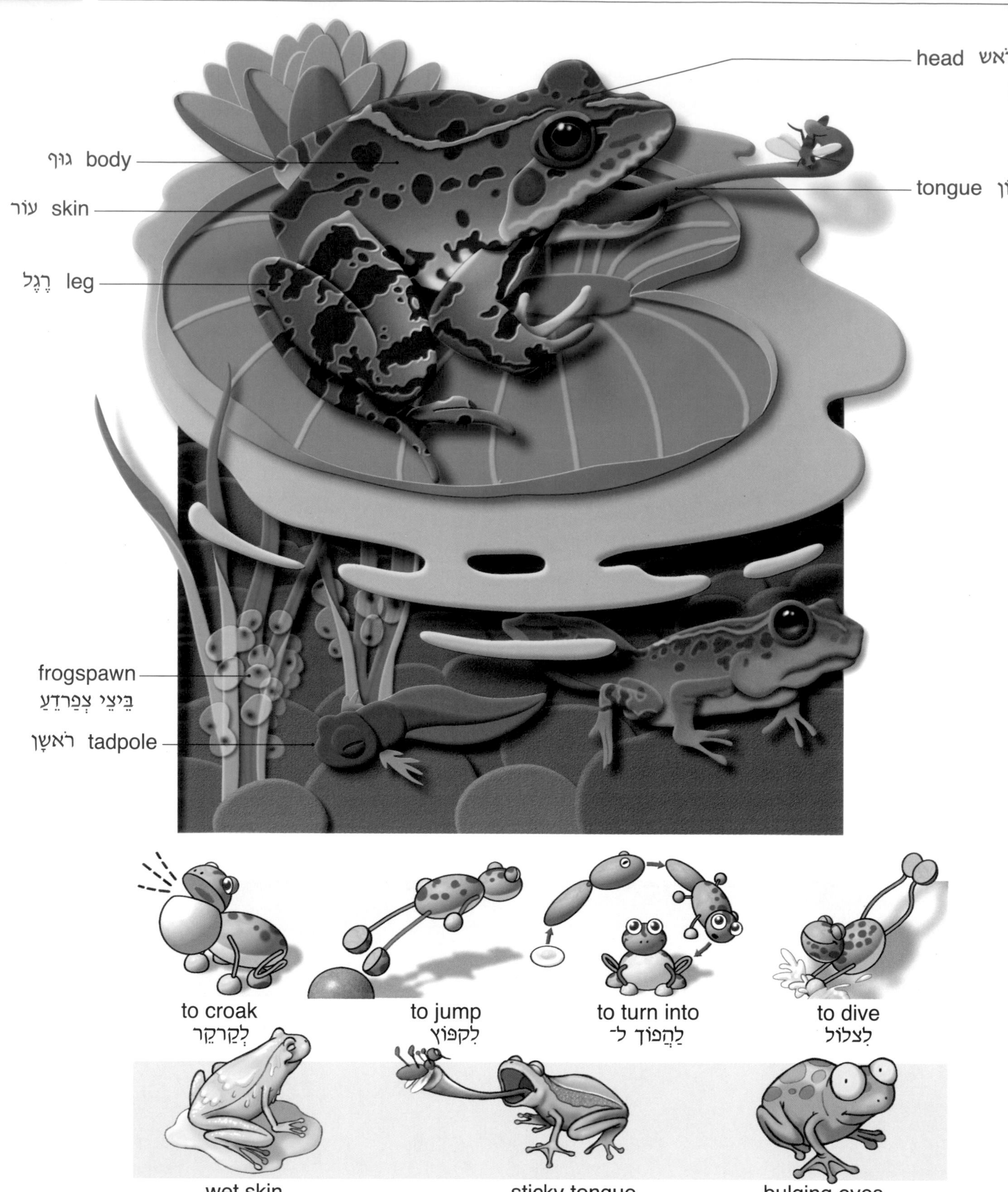
head ראש
גוף body
עוֹר skin
רֶגֶל leg
tongue וֹן
frogspawn
בֵּיצֵי צְפַרְדֵעַ
ראשָׁן tadpole
to croak
לְקַרְקֵר
to jump
לִקְפּוֹץ
to turn into
לַהֲפוֹך לְ־
to dive
לִצְלוֹל
wet skin
עוֹר רָטוֹב
sticky tongue
לָשׁוֹן דְּבִיקָה
bulging eyes
עֵינַיִם בּוֹלְטוֹת

The butterfly הַפַּרְפַּר

כָּ wing

מְחוֹשִׁים
feelers

head רֹאשׁ

eye עַיִן

egg
בֵּיצָה

chrysalis גּוֹלֶם

זַחַל caterpillar

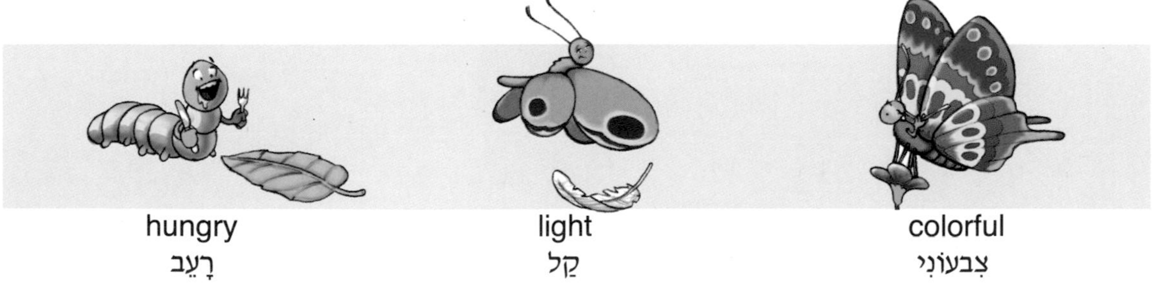
hungry
רָעֵב
light
קַל
colorful
צִבְעוֹנִי

The bee הדבוֹרָה

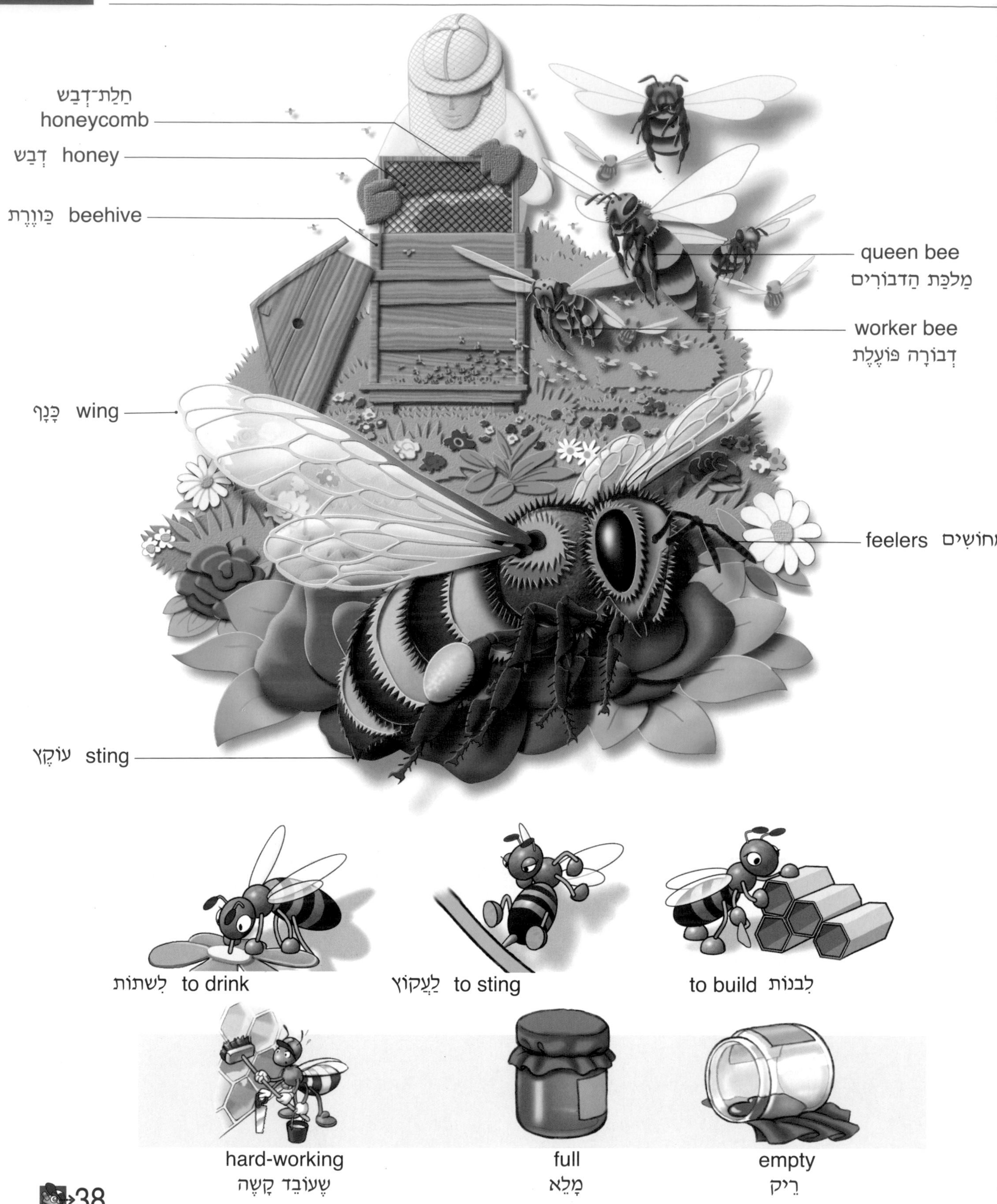

חַלַּת־דְּבַשׁ
honeycomb
דְּבַשׁ honey
כַּוֶּרֶת beehive
queen bee
מַלְכַּת הַדְּבוֹרִים
worker bee
דְּבוֹרָה פּוֹעֶלֶת
כָּנָף wing
feelers מְחוֹשִׁים
עוֹקֶץ sting
לִשְׁתּוֹת to drink
לַעֲקוֹץ to sting
to build לִבְנוֹת
hard-working
שֶׁעוֹבֵד קָשֶׁה
full
מָלֵא
empty
רֵיק

The octopus and the snail הַתְּמָנוּן וְהַחִילָזוֹן

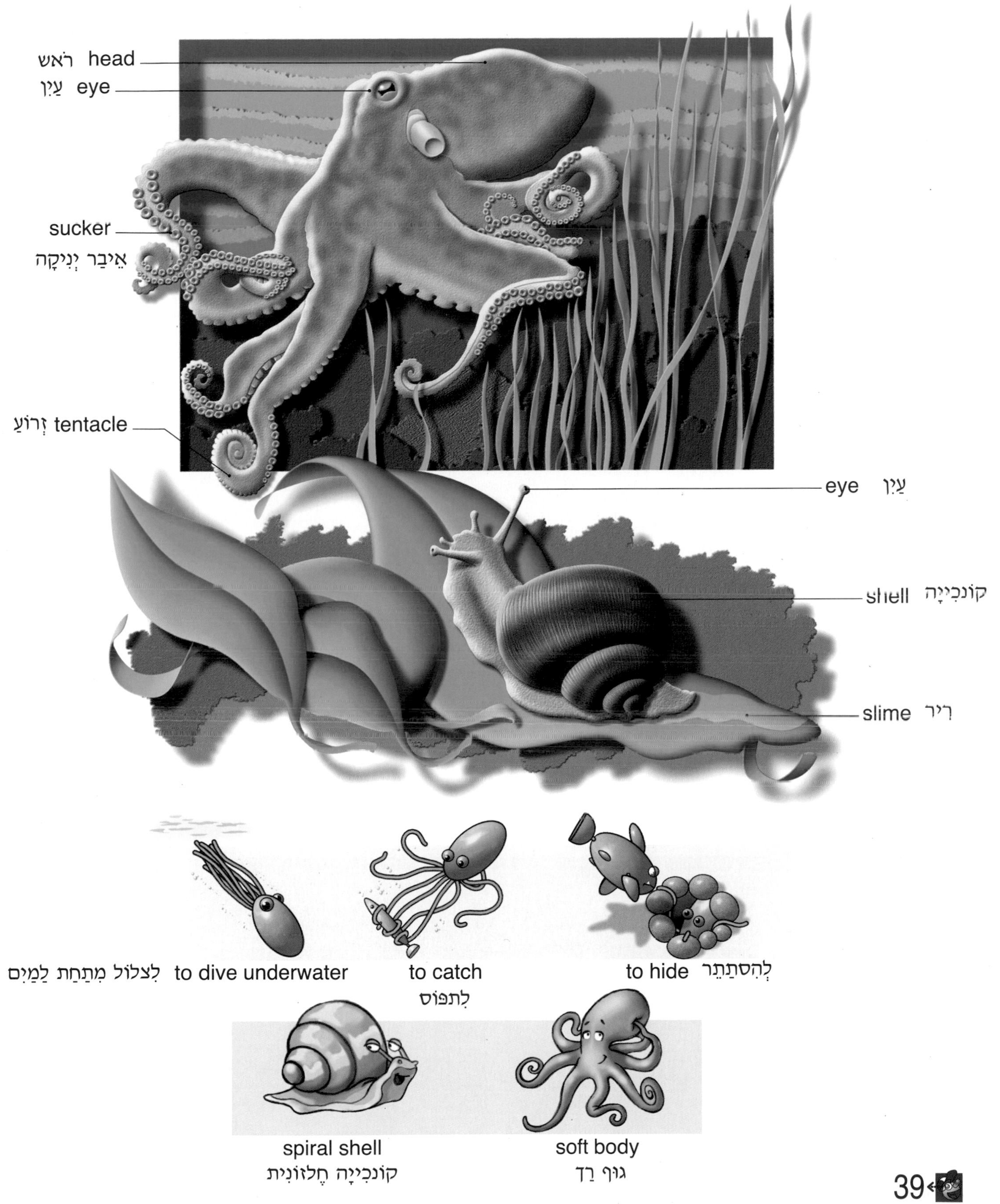

רֹאשׁ head
עַיִן eye
sucker
אֵיבַר יְנִיקָה
זְרוֹעַ tentacle
eye עַיִן
shell קוֹנְכִיָּה
slime רִיר
לִצְלוֹל מִתַּחַת לַמַּיִם to dive underwater
to catch
לִתְפּוֹס
to hide לְהִסְתַּתֵּר
spiral shell
קוֹנְכִיָּה חֶלְזוֹנִית
soft body
גּוּף רַךְ

Other animals

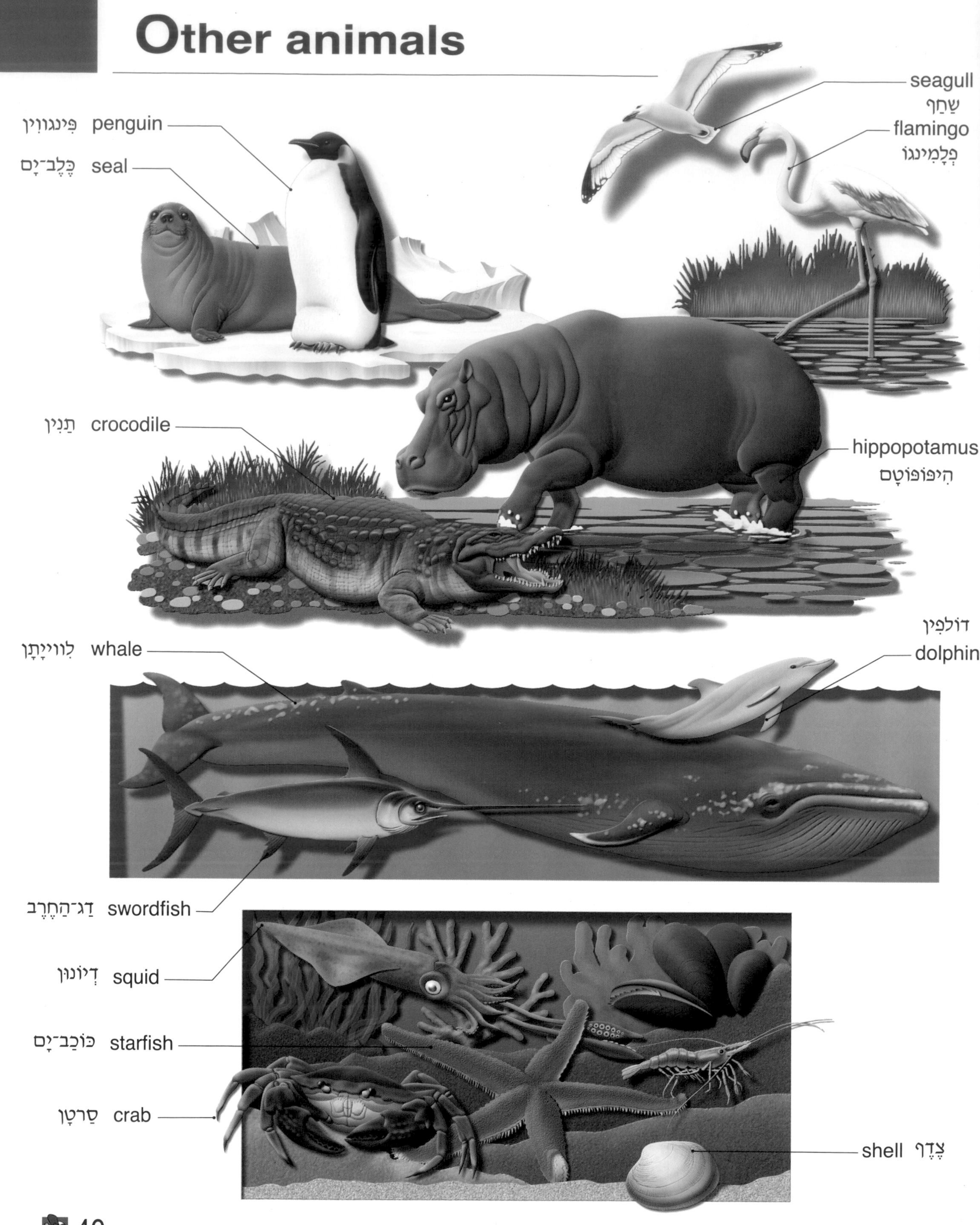

seagull
שַׁחַף
flamingo
פְּלָמִינְגוֹ
פִּינגווִין penguin
כֶּלֶב־יָם seal
תַּנִּין crocodile
hippopotamus
הִיפּוֹפּוֹטָם
דּוֹלְפִין
dolphin
לִוְויָתָן whale
דַּג־הַחֶרֶב swordfish
דְּיוֹנוּן squid
כּוֹכַב־יָם starfish
סַרְטָן crab
shell צֶדֶף

חַיּוֹת אֲחֵרוֹת

eagle
עַיִט; נֶשֶׁר
giraffe ג'ירָפָה
gorilla גוֹרִילָה
parrot תּוּכִּי
bear דּוֹב
kangaroo קֶנְגּוּרוּ
zebra
זֶבְּרָה
elephant
פִּיל
wolf זְאֵב
ostrich יָעֵן
wild boar
חֲזִיר בָּר
hyena
צָבוֹעַ
leopard נָמֵר
lion אַרְיֵה
tiger נָמֵר

Trees

עצים

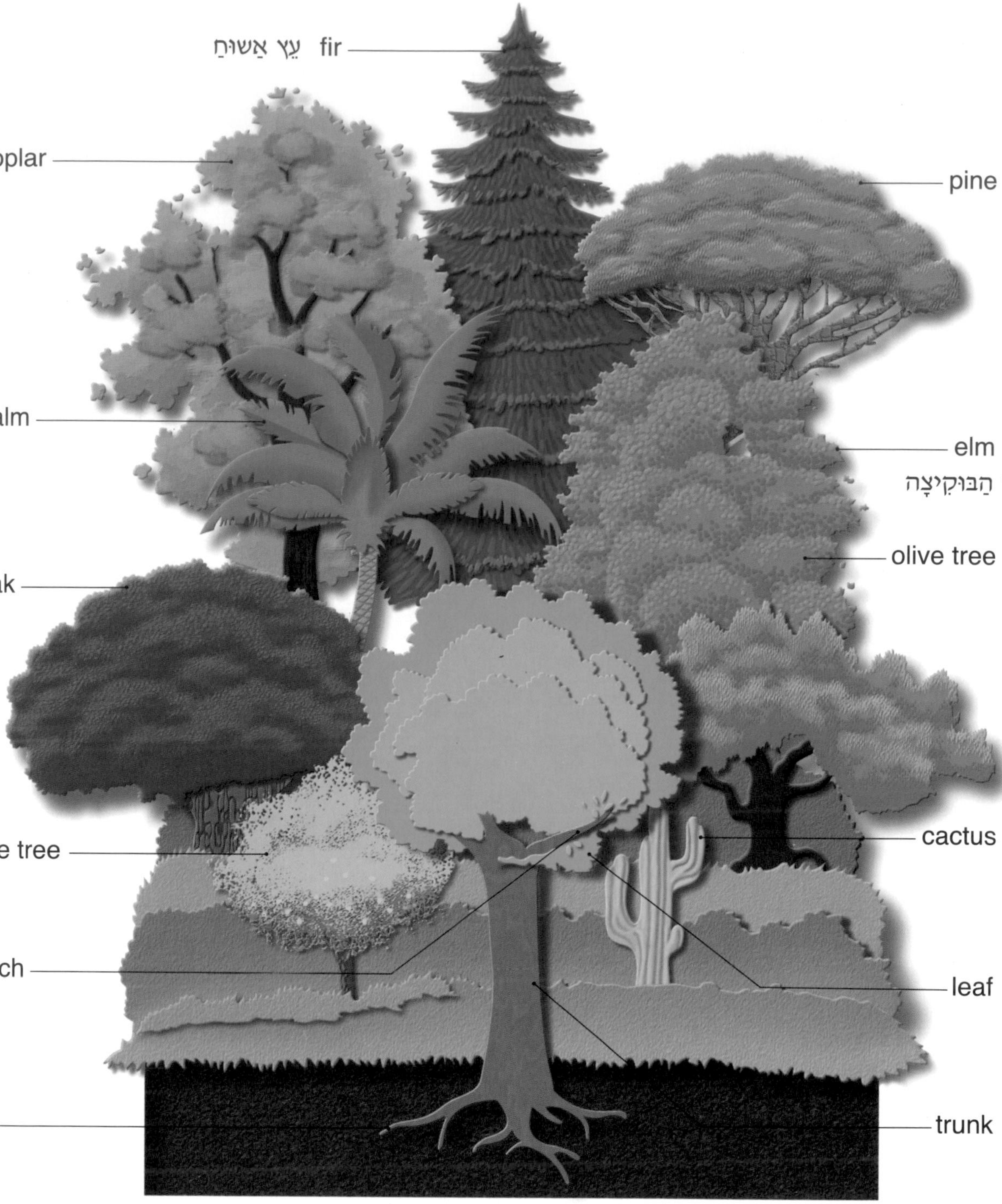

fir עֵץ אַשׁוּחַ

poplar עֵץ צַפְצָפָה

pine עֵץ אוֹרֶן

palm דֶּקֶל

elm עֵץ הַבּוּקִיצָה

olive tree עֵץ זַיִת

oak עֵץ אַלּוֹן

apple tree עֵץ תַּפּוּחַ

cactus קַקְטוּס

branch עָנָף

leaf עָלֶה

root שׁוֹרֶשׁ

trunk גֶּזַע

to spray לְרַסֵּס

to graft לַעֲשׂוֹת הַרְכָּבָה

to grow לִצְמוֹחַ; לִגְדּוֹל

to wilt לִקְמוֹל

Flowers פְּרָחִים

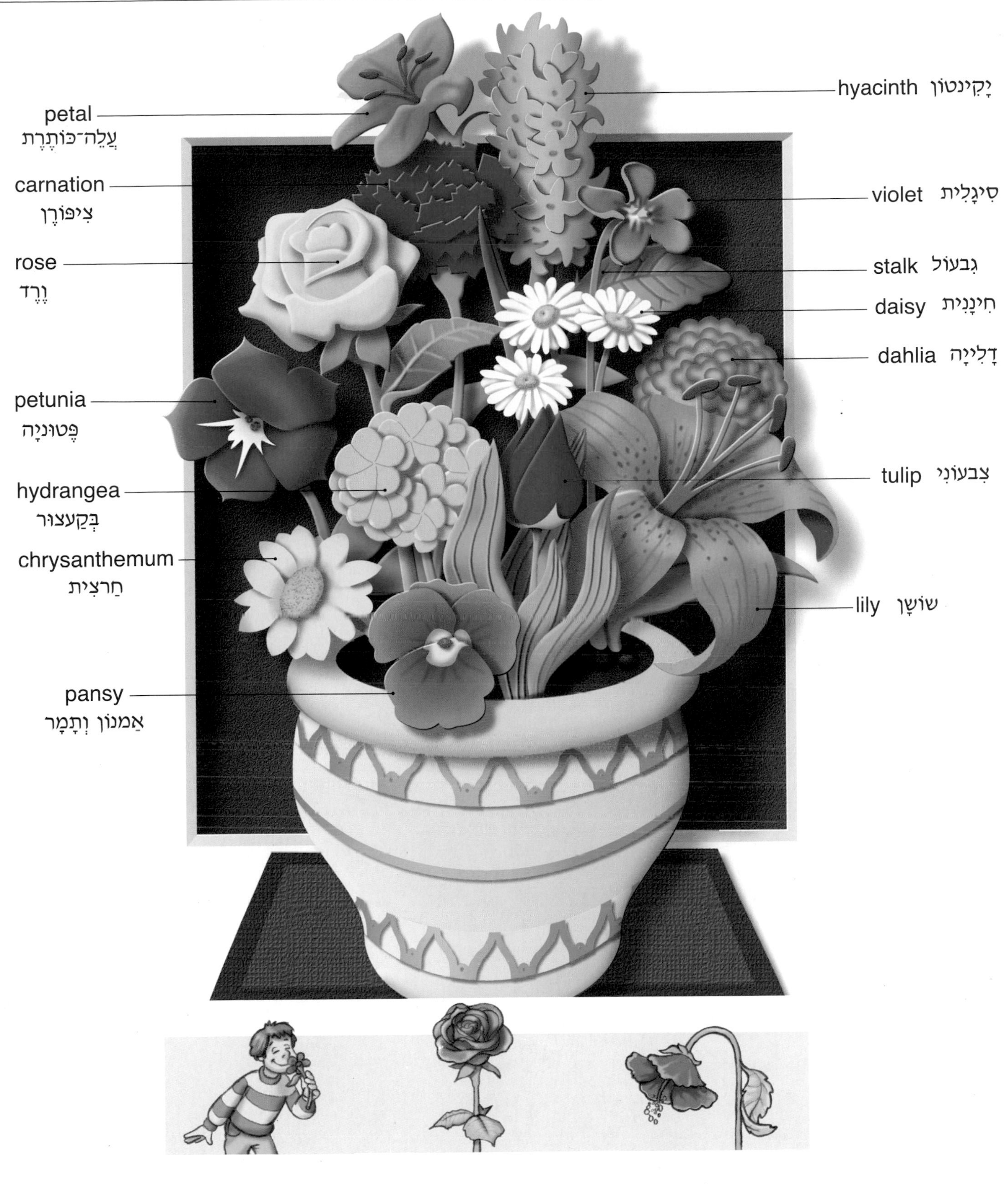

petal עֲלֵה־כּוֹתֶרֶת
carnation צִיפּוֹרֶן
rose וֶרֶד
petunia פֶּטוּנְיָה
hydrangea בְּקַעְצוּר
chrysanthemum חַרְצִית
pansy אַמְנוֹן וְתָמָר
hyacinth יָקִינְטוֹן
violet סִיגָלִית
stalk גִּבְעוֹל
daisy חִינָּנִית
dahlia דָּלִיָּה
tulip צִבְעוֹנִי
lily שׁוֹשָׁן

sweet-smelling רֵיחָנִי

pretty יָפֶה

wilted נוֹבֵל

Fruit and nuts

פֵּירוֹת וֶאֱגוֹזִים

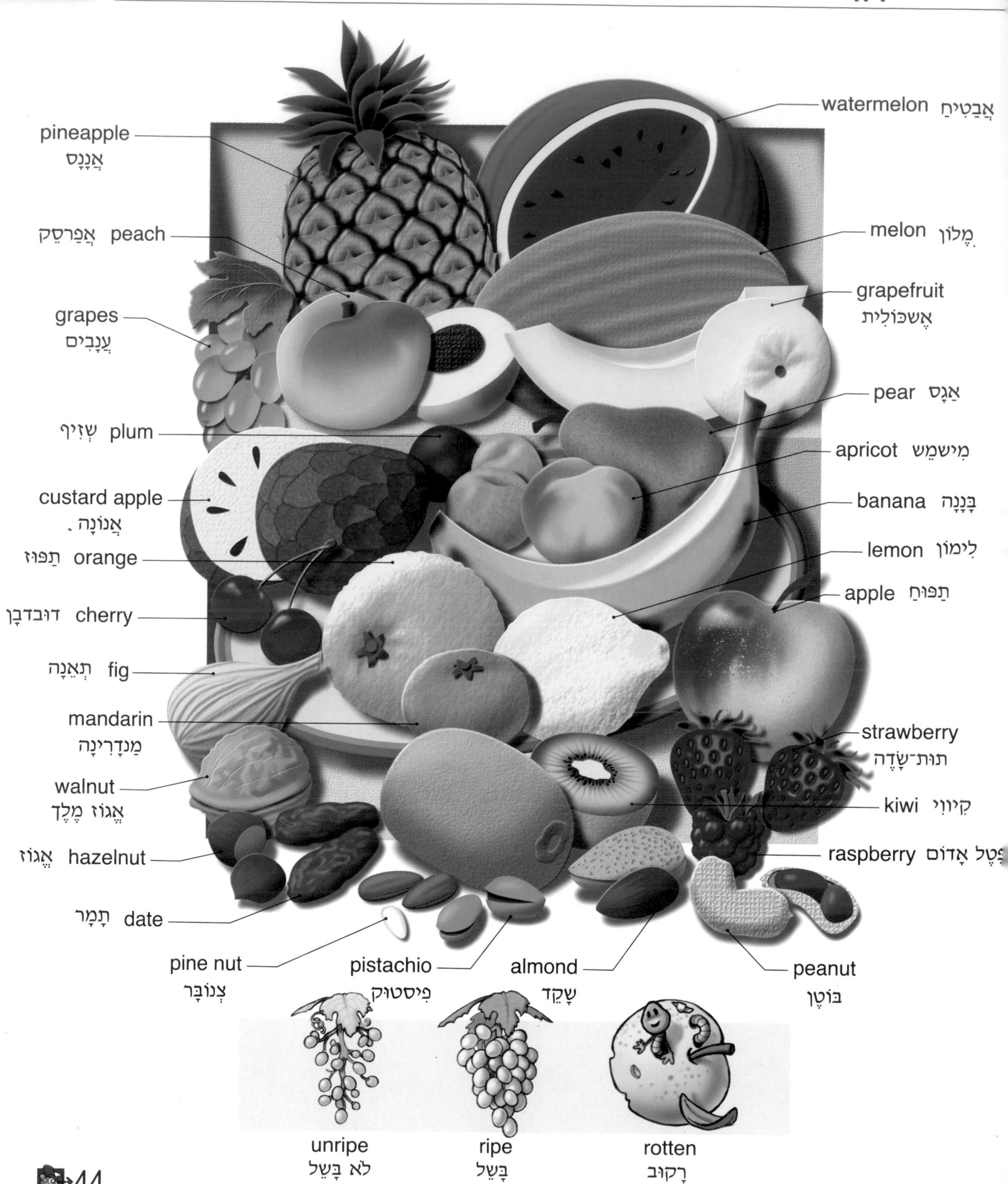

watermelon אֲבַטִּיחַ
pineapple אֲנָנָס
melon מֶלוֹן
אֲפַרְסֵק peach
grapefruit אֶשְׁכּוֹלִית
grapes עֲנָבִים
pear אַגָּס
שְׁזִיף plum
apricot מִישְׁמֵשׁ
custard apple אֲנוֹנָה
banana בָּנָנָה
תַּפּוּז orange
lemon לִימוֹן
apple תַּפּוּחַ
דּוּבְדְּבָן cherry
תְּאֵנָה fig
mandarin מַנְדָּרִינָה
strawberry תּוּת־שָׂדֶה
walnut אֱגוֹז מֶלֶךְ
kiwi קִיוִוי
אֱגוֹז hazelnut
raspberry פֶּטֶל אָדוֹם
תָּמָר date
pine nut צְנוֹבָּר
pistachio פִּיסְטוּק
almond שָׁקֵד
peanut בּוֹטֶן
unripe לֹא בָּשֵׁל
ripe בָּשֵׁל
rotten רָקוּב

Vegetables and cereals יְרָקוֹת וּדְגָנִים

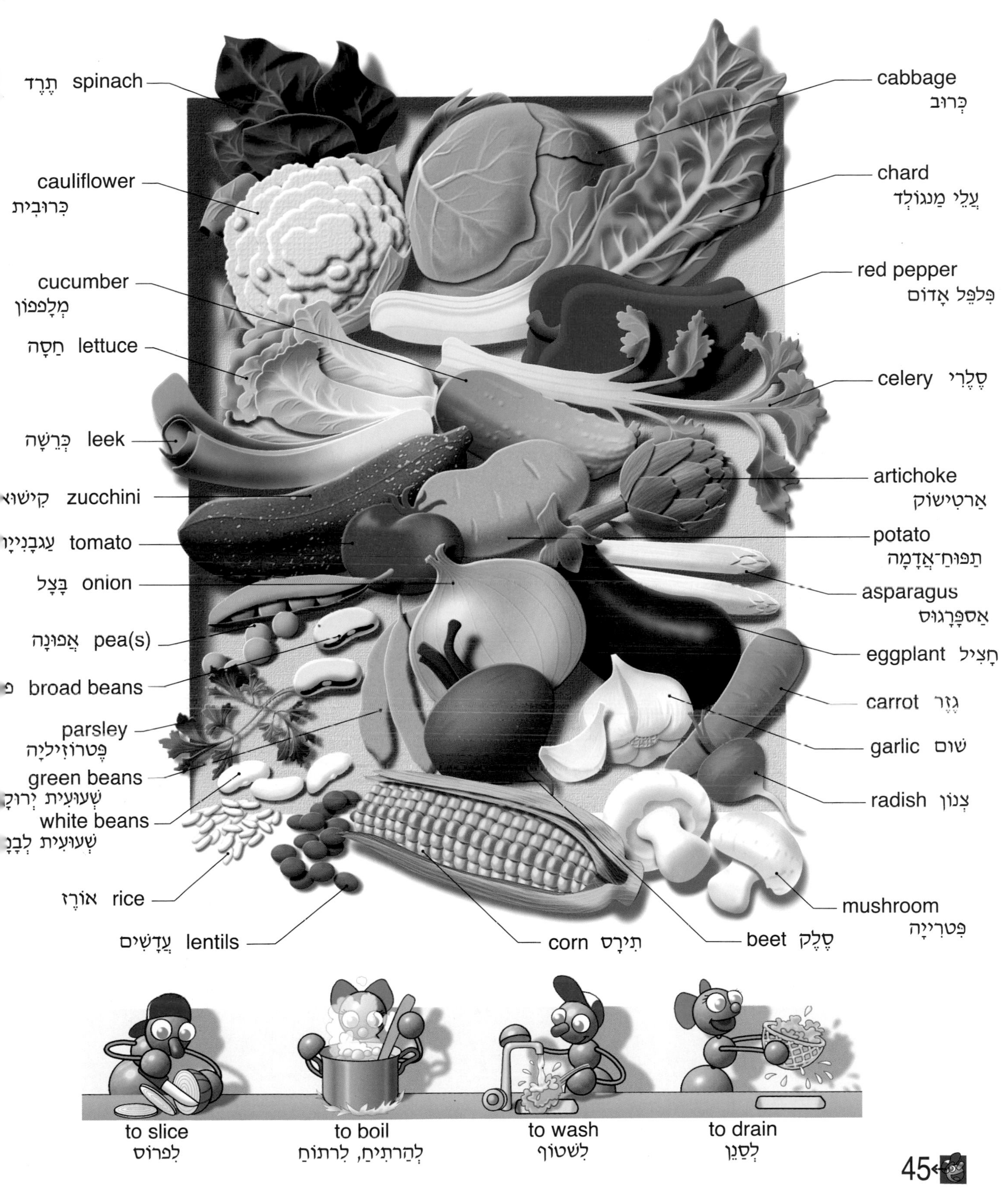

תֶּרֶד spinach
cabbage
כְּרוּב
cauliflower
כְּרוּבִית
chard
עֲלֵי מַנגוֹלְד
red pepper
פִּלְפֵּל אָדוֹם
cucumber
מְלָפְפוֹן
חַסָּה lettuce
celery סֶלֶרִי
כְּרֵשָׁה leek
artichoke
אַרְטִישׁוֹק
קִישׁוּא zucchini
עַגְבָנִיָּה tomato
potato
תַּפּוּחַ־אֲדָמָה
בָּצָל onion
asparagus
אַסְפָּרָגוּס
אֲפוּנָה pea(s)
eggplant חָצִיל
broad beans
carrot גֶּזֶר
parsley
פֶּטרוֹזִילְיָה
garlic שׁוּם
green beans
שְׁעוּעִית יְרוּקָּה
radish צְנוֹן
white beans
שְׁעוּעִית לְבָנָה
אוֹרֶז rice
mushroom
פִּטרִיָּה
עֲדָשִׁים lentils
corn תִּירָס
beet סֶלֶק
to slice
לִפְרוֹס
to boil
לְהַרְתִּיחַ, לִרְתּוֹחַ
to wash
לִשְׁטוֹף
to drain
לְסַנֵּן

The garden הַגִּינָה

greenhouse
חֲמָמָה
shed מַחסָן
גָּדֵר fence
flower bed
עֲרוּגָה
hedge
גָּדֵר חַיָּה
flower
פֶּרַח
grass
דֶשֶׁא
seeds
זְרָעִים
earth
אֲדָמָה
gardener
גַּנָּן
path
שְׁבִיל
tidy
מְטוּפָּח
untidy
לֹא מְטוּפָּח
trimmed
גָּזוּם

Garden tools

כְּלֵי גִּינּוּן

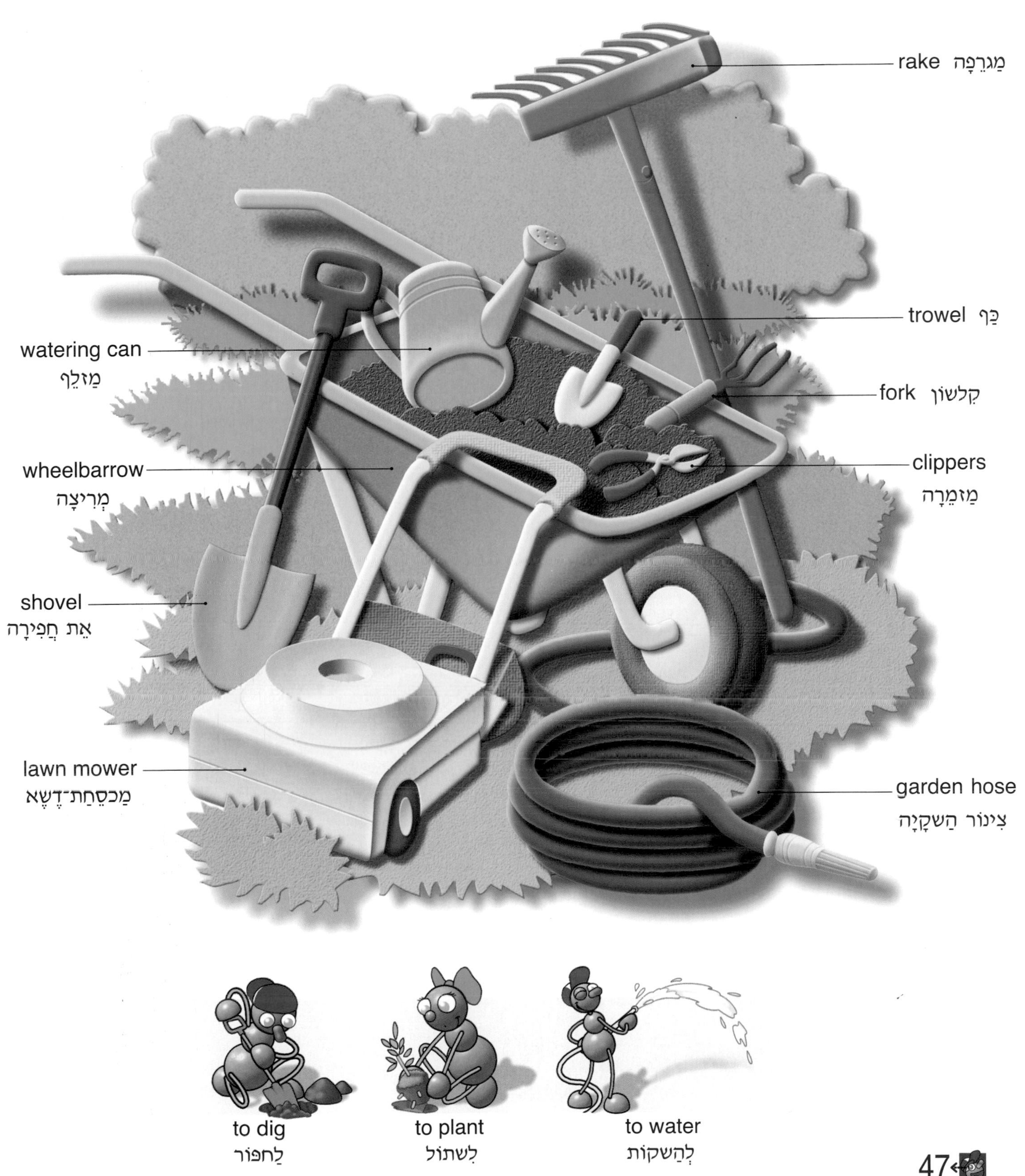

rake מַגְרֵפָה
trowel כַּף
watering can
מַזְלֵף
fork קִלְשׁוֹן
wheelbarrow
מְרִיצָה
clippers
מַזְמֵרָה
shovel
אֵת חֲפִירָה
lawn mower
מַכְסֵחַת־דֶּשֶׁא
garden hose
צִינּוֹר הַשְׁקָיָה
to dig
לַחְפּוֹר
to plant
לִשְׁתּוֹל
to water
לְהַשְׁקוֹת

In the city עִיר

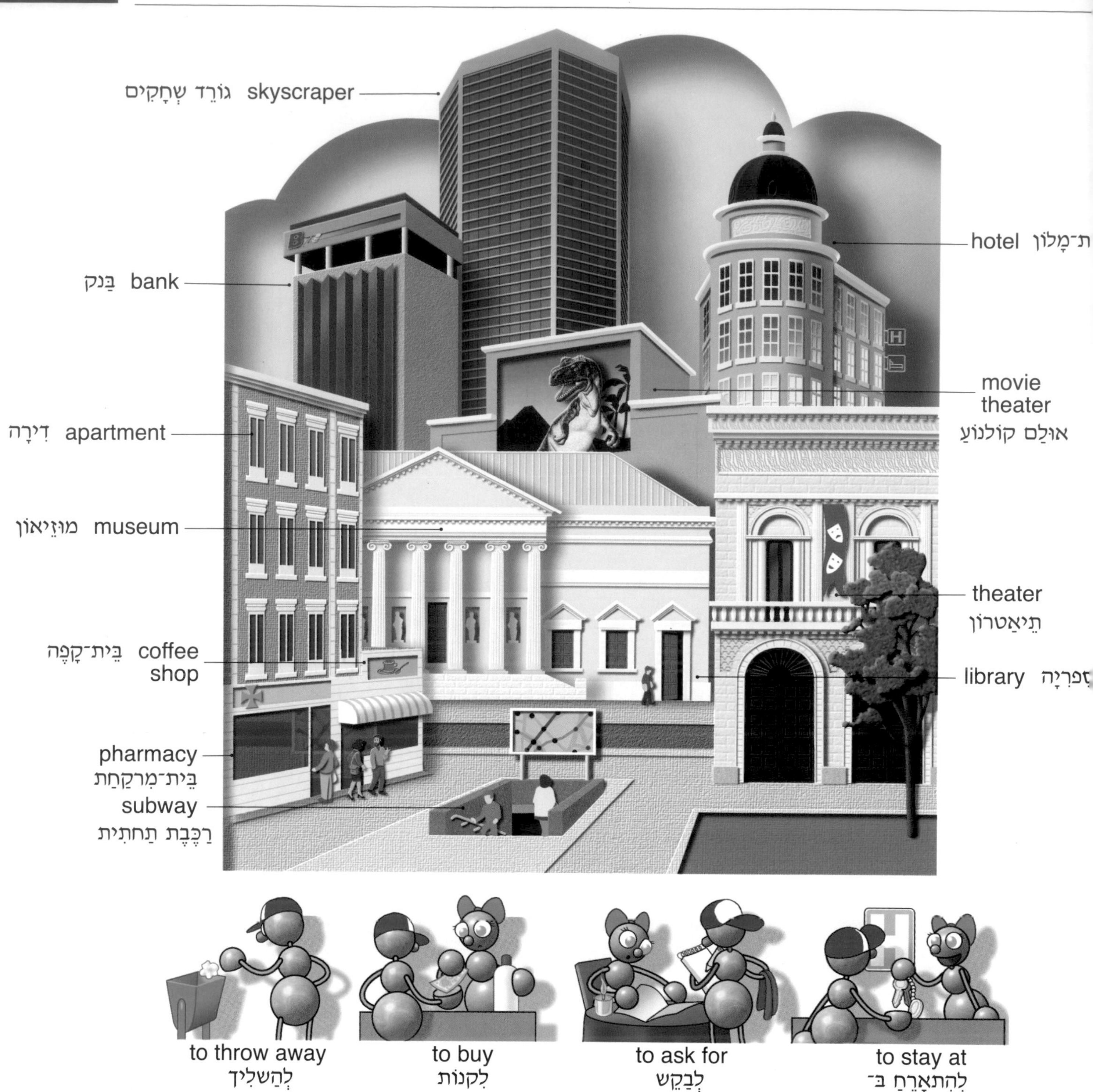

skyscraper גּוֹרֵד שְׁחָקִים
bank בַּנְק
apartment דִּירָה
museum מוּזֵיאוֹן
coffee shop בֵּית־קָפֶה
pharmacy בֵּית־מִרְקַחַת
subway רַכֶּבֶת תַּחְתִּית
hotel ת־מָלוֹן
movie theater אוּלַם קוֹלנוֹעַ
theater תֵּיאַטְרוֹן
library סִפְרִיָּה
to throw away לְהַשְׁלִיךְ
to buy לִקְנוֹת
to ask for לְבַקֵּשׁ
to stay at לְהִתְאָרֵחַ בּ־

noisy street
רְחוֹב סוֹאֵן

quiet street
רְחוֹב שָׁקֵט

pedestrian mall
מִדרחוֹב

The street הָרְחוֹב

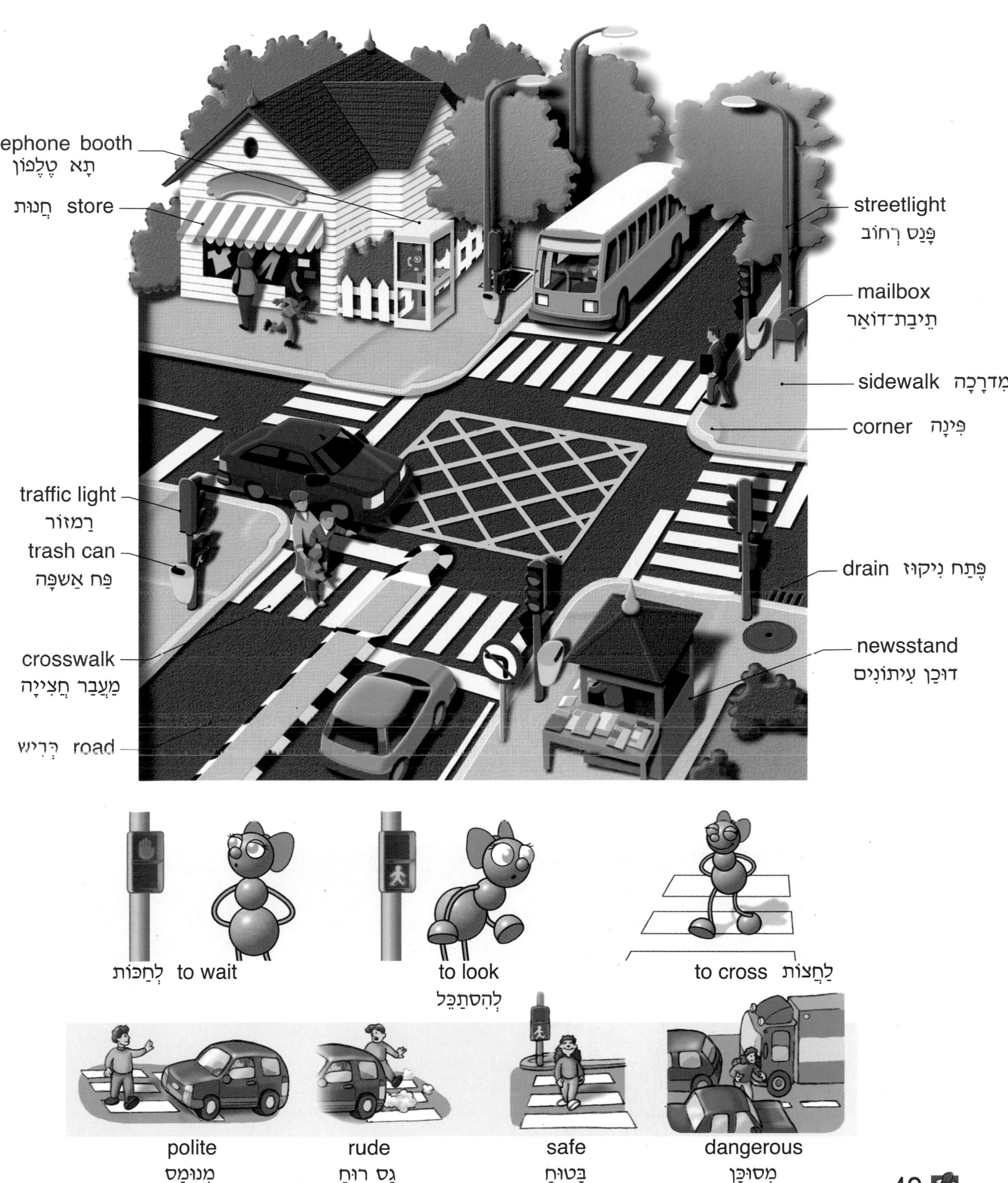

telephone booth תָּא טֶלֶפוֹן
store חֲנוּת
streetlight פָּנָס רְחוֹב
mailbox תֵּיבַת־דוֹאַר
sidewalk מִדְרָכָה
corner פִּינָה
traffic light רַמְזוֹר
trash can פַּח אַשְׁפָּה
drain פֶּתַח נִיקּוּז
crosswalk מַעֲבַר חֲצִיָּיה
newsstand דּוּכַן עִיתּוֹנִים
road כְּבִישׁ
to wait לְחַכּוֹת
to look לְהִסְתַּכֵּל
to cross לַחֲצוֹת
polite מְנוּמָּס
rude גַּס רוּחַ
safe בָּטוּחַ
dangerous מְסוּכָּן

The highway

גֶשֶׁר bridge

מִנהָרָה tunnel

תַּמרוּר road sign

גֶשֶׁר לְהוֹלכֵי־רֶגֶל footbridge

מַשָּׂאִית truck

נָתִיב lane

שׁוֹטֵר תְּנוּעָה traffic policeman

to overtake
לַעֲקוֹף

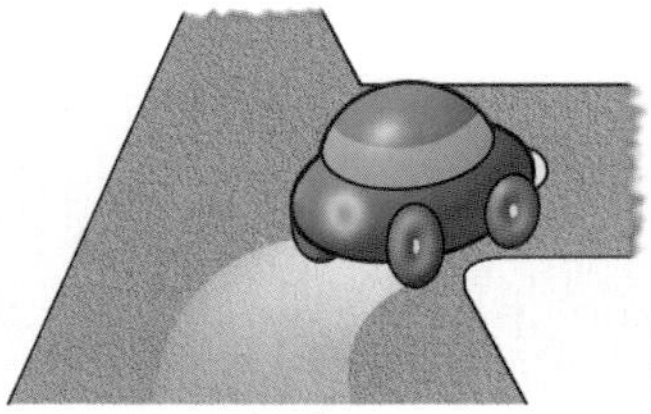

to turn
לִפנוֹת

to park
לַחֲנוֹת

הַכְּבִישׁ הַמָּהִיר

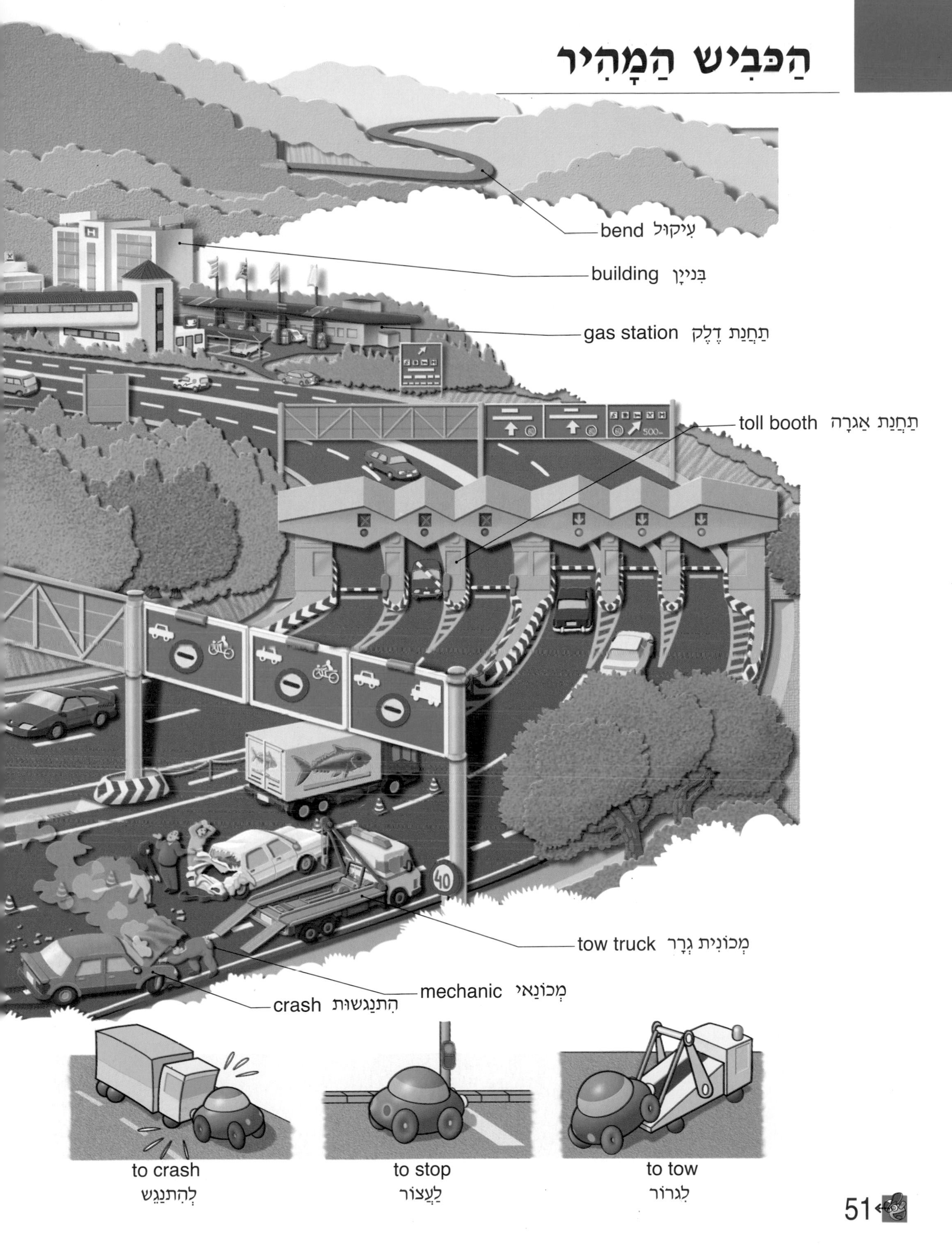

bend עִיקּוּל
building בִּנְיָן
gas station תַּחֲנַת דֶּלֶק
toll booth תַּחֲנַת אַגְרָה
500m
40
tow truck מְכוֹנִית גְּרָר
mechanic מְכוֹנַאי
crash הִתְנַגְּשׁוּת
to crash
לְהִתְנַגֵּשׁ
to stop
לַעֲצוֹר
to tow
לִגְרוֹר

Jobs

plumber
שְׁרַבְרָב

teacher
מוֹרֶה

vet
וֶטֶרִינָרִית

bricklayer
בַּנַּאי

lawyer
עוֹרֶכֶת־דִין

fishmonger
מוֹכֶרֶת דָגִים

butcher
קַצָב

electrician
חַשמַלַאי

greengrocer
יַרקָנִית

to bandage
לַחֲבוֹש

to work
לַעֲבוֹד

to rest
לָנוּחַ

to weigh
לִשקוֹל

עִיסוּקִים

pharmacist
רוֹקַחַת

fisherman
דַּיָּג

painter
צַבָּע

farmer
חַקְלַאי

reporter
כַּתֶּבֶת

cab driver
נַהֶגֶת מוֹנִית

hairdresser
סַפָּר

photographer
צַלֶּמֶת

model
דוּגְמָן

to teach
לְלַמֵּד

to fish
לָדוּג

to cut
לְסַפֵּר ; לִגְזוֹר

to take photos
לְצַלֵּם

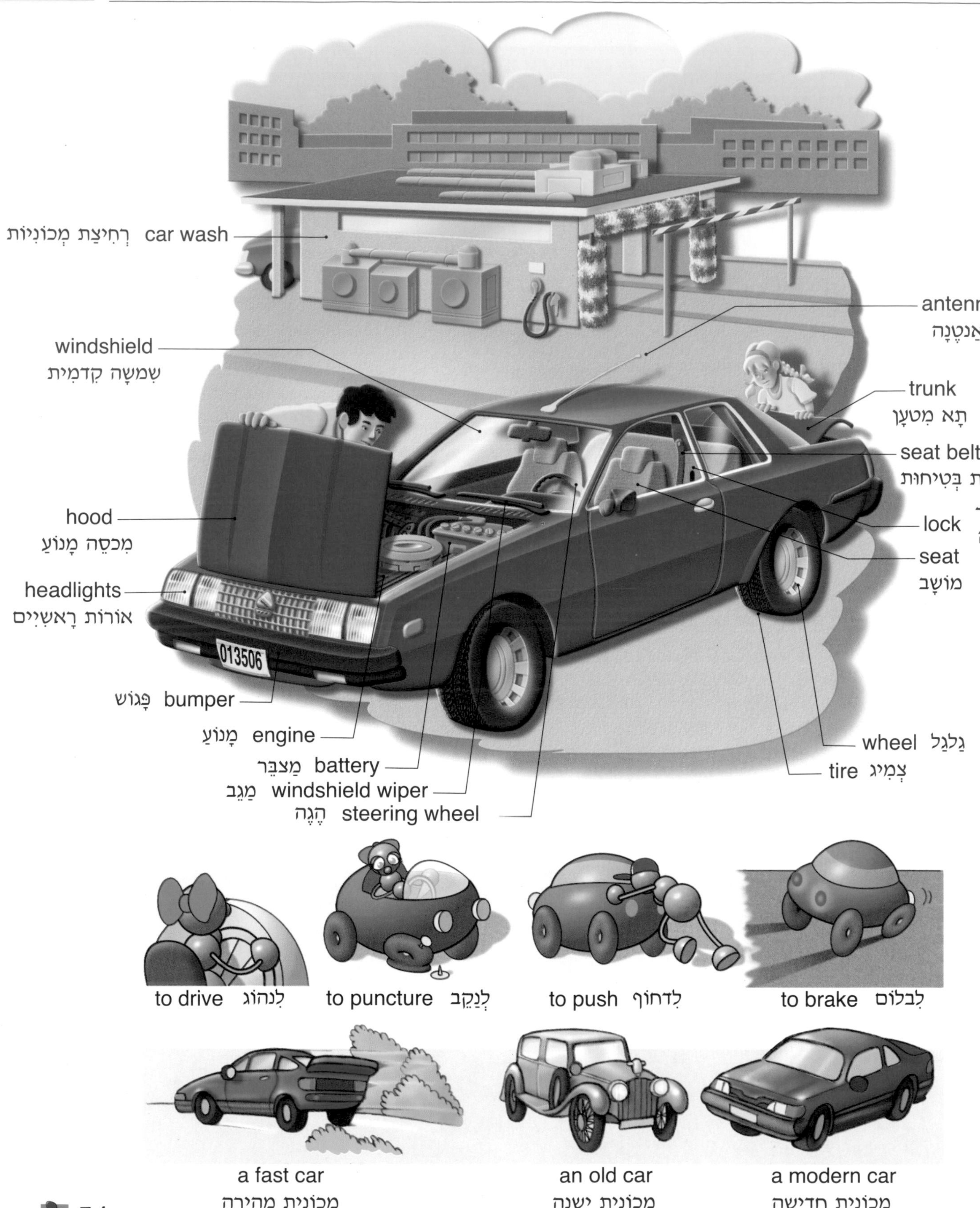

car wash רְחִיצַת מְכוֹנִיּוֹת
antenna
אַנְטֶנָּה
windshield
שִׁמְשָׁה קִדְמִית
trunk
תָּא מִטְעָן
seat belt
חֲגוֹרַת בְּטִיחוּת
hood
מִכְסֵה מָנוֹעַ
lock
מַפְתּוֹר
נְעִילָה
seat
מוֹשָׁב
headlights
אוֹרוֹת רָאשִׁיִּים
013506
bumper פָּגוֹשׁ
engine מָנוֹעַ
battery מַצְבֵּר
windshield wiper מַגֵּב
steering wheel הֶגֶה
wheel גַּלְגַּל
tire צְמִיג
to drive לִנְהוֹג
to puncture לְנַקֵּב
to push לִדְחוֹף
to brake לִבְלוֹם
a fast car
מְכוֹנִית מְהִירָה
an old car
מְכוֹנִית יְשָׁנָה
a modern car
מְכוֹנִית חֲדִישָׁה

Bicycle and motorbike אוֹפַנַיִים וְאוֹפַנוֹעַ

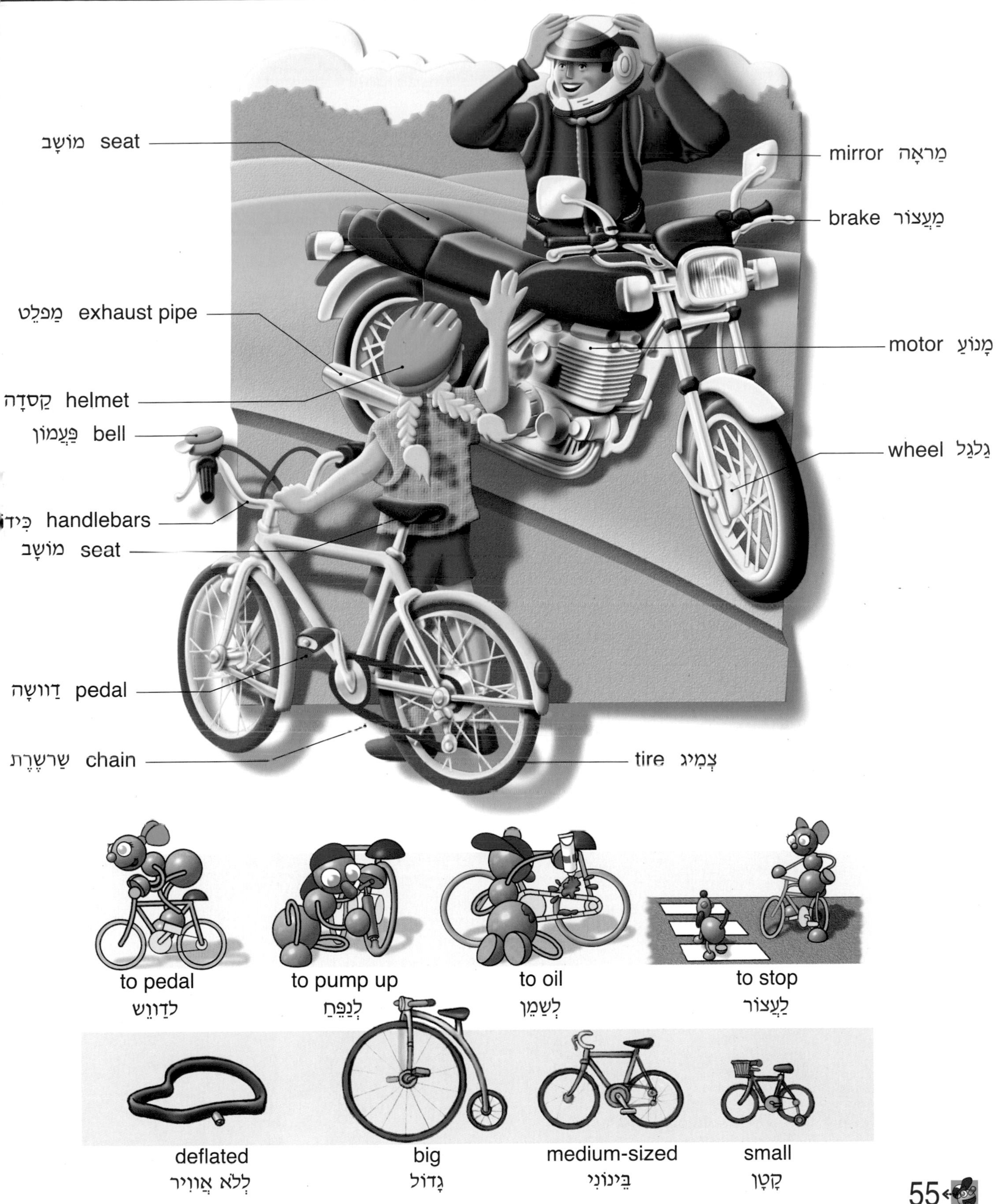

מוֹשָׁב seat
mirror מַרְאָה
brake מַעֲצוֹר
מַפלֵט exhaust pipe
motor מָנוֹעַ
קַסדָה helmet
פַּעֲמוֹן bell
wheel גַלגַל
כִּידוֹן handlebars
מוֹשָׁב seat
דַוושָׁה pedal
שַׁרשֶׁרֶת chain
tire צְמִיג
to pedal
לְדַווֵשׁ
to pump up
לְנַפֵּחַ
to oil
לְשַׁמֵן
to stop
לַעֲצוֹר
deflated
לְלֹא אֲוויר
big
גָדוֹל
medium-sized
בֵּינוֹנִי
small
קָטָן

At the station
בַּתַּחֲנָה

זְמַנֵּי יְצִיאָה
DEPARTURES

זְמַנֵּי הַגָּעָה
ARRIVALS

information board
לוּחַ מֵידָע

clock שָׁעוֹן

toilets
שֵׁירוּתִים

locker
אֲרוֹנִית ; תָּא

מוֹדִיעִין
INFORMATION

train רַכֶּבֶת

station master
מְנַהֵל הַתַּחֲנָה

ticket office
קוּפָּה

platform
רְצִיף

ticket כַּרְטִיס

porter סַבָּל

suitcase
מִזְוָודָה

baggage cart
עֶגְלַת מִטְעָן

to catch a train
לִתפּוֹס רַכֶּבֶת

to miss a train
לְאַחֵר לָרַכֶּבֶת

to load
לְהַעֲמִיס

to unload
לִפרוֹק מִטעָן

On the train בָּרַכֶּבֶת

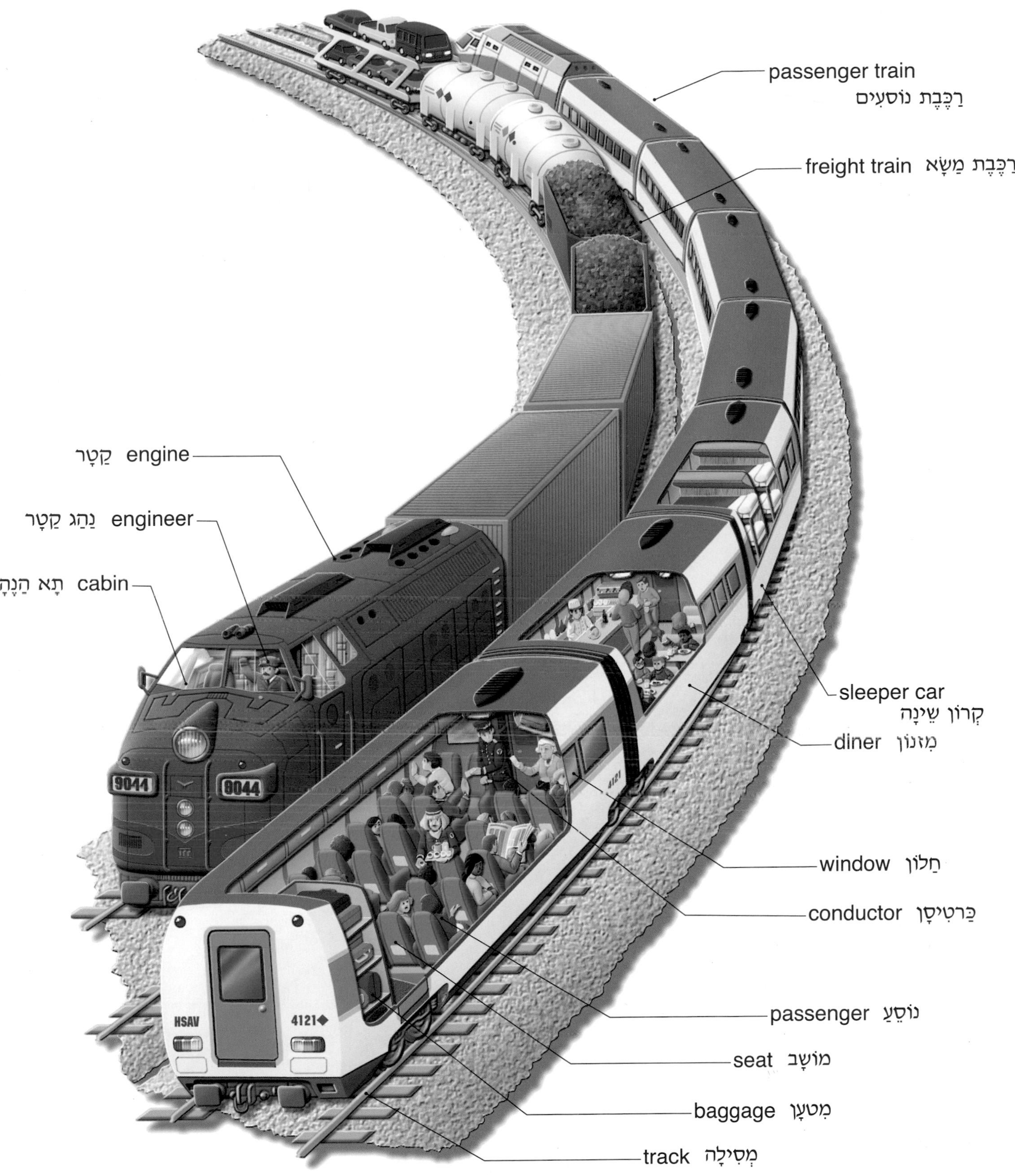
passenger train
רַכֶּבֶת נוֹסְעִים
freight train רַכֶּבֶת מַשָּׂא
קַטָּר engine
נַהַג קַטָּר engineer
תָּא הַנֶּהָג cabin
sleeper car
קְרוֹן שֵׁינָה
diner מִזְנוֹן
window חַלּוֹן
conductor כַּרְטִיסָן
passenger נוֹסֵעַ
seat מוֹשָׁב
baggage מִטְעָן
track מְסִילָה
9044
HSAV
4121

At the airport

בנמל התעופה

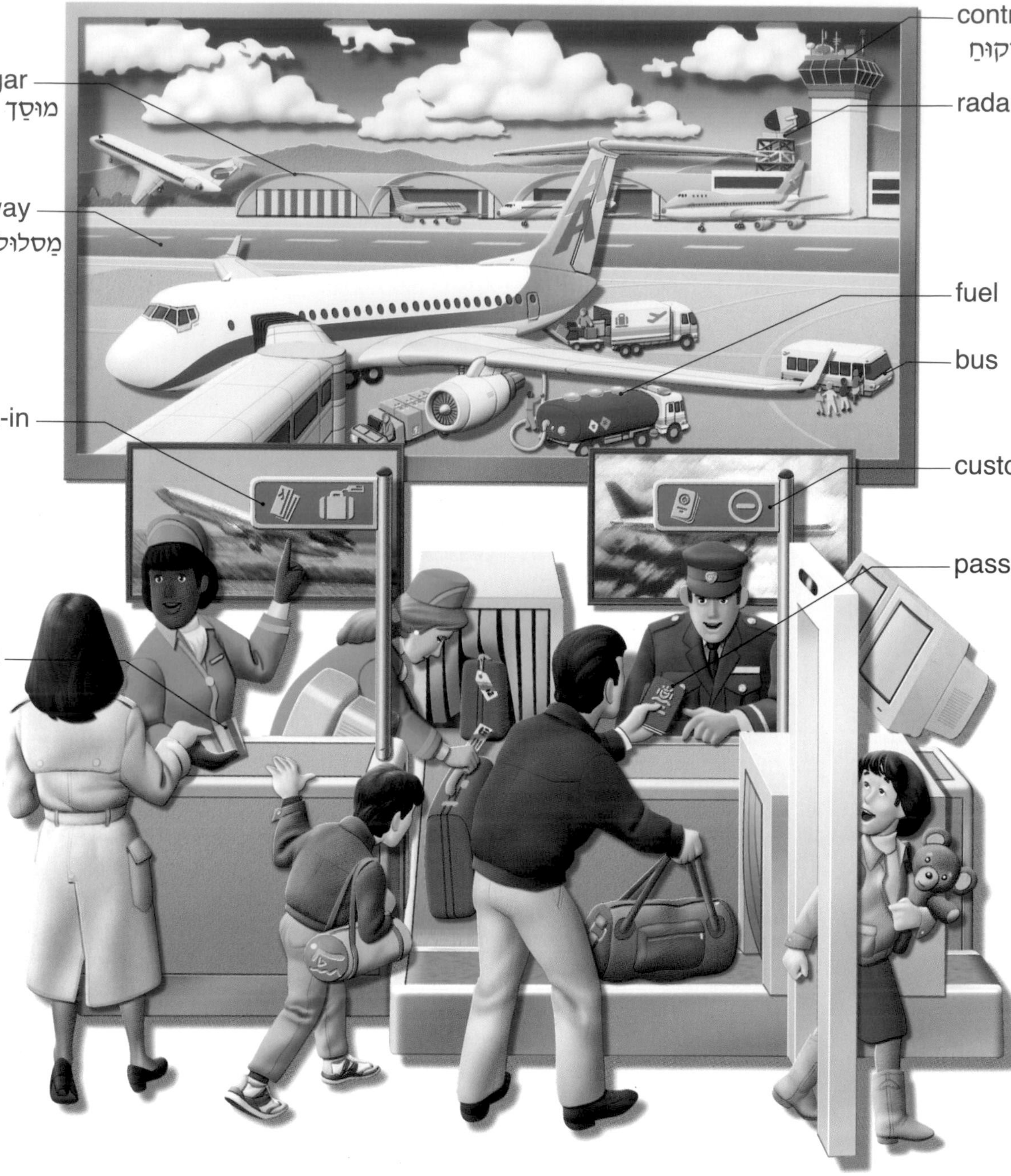

hangar
מוּסַךְ מְטוֹסִים

runway
מַסלוּל הַמְרָאָה

control tower
מִגדַל פִּיקוּחַ

radar מַכָּ"ם

fuel דֶלֶק

bus אוֹטוֹבּוּס

בִּידוּק check-in

customs מֶכֶס

passport דַרכּוֹן

כַּרטִיס ticket

to show
לְהַרְאוֹת

to inspect
לִבדוֹק

to explain
לְהַסבִּיר

On the airplane בַּמָּטוֹס

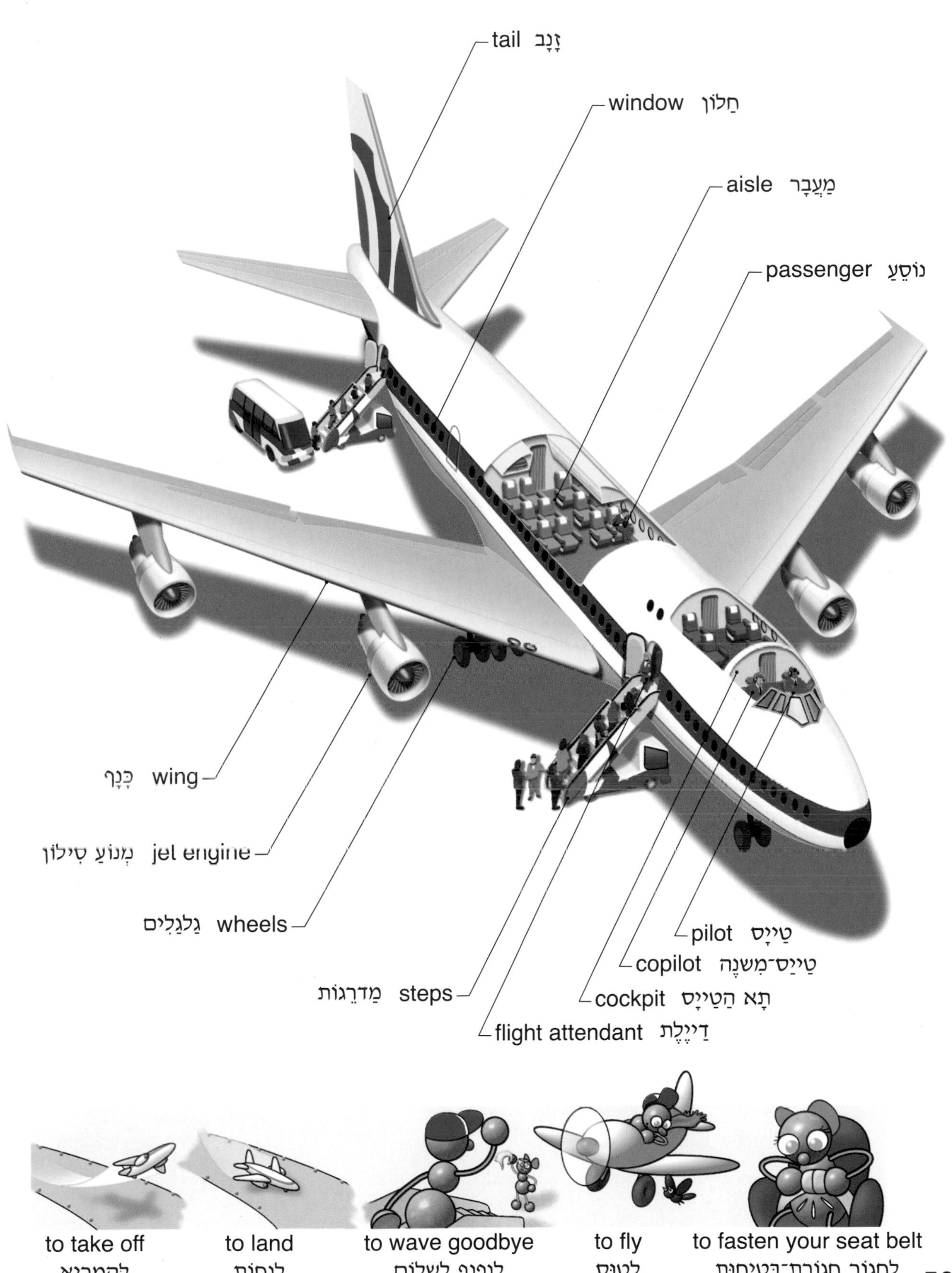

tail זָנָב
window חַלּוֹן
aisle מַעֲבָר
passenger נוֹסֵעַ
wing כָּנָף
jet engine מְנוֹעַ סִילוֹן
wheels גַּלְגַּלִּים
steps מַדְרֵגוֹת
pilot טַיָּס
copilot טַיַּס־מִשְׁנֶה
cockpit תָּא הַטַּיָּס
flight attendant דַּיֶּלֶת
to take off לְהַמְרִיא
to land לִנְחוֹת
to wave goodbye לְנַפְנֵף לְשָׁלוֹם
to fly לָטוּס
to fasten your seat belt לַחֲגוֹר חֲגוֹרַת־בְּטִיחוּת

At the port נָמֵל

lighthouse מִגְדַּלּוֹר

tanker מְכָלִית נֵפְט

סְפִינַת דַּיִג fishing boat

סְפִינַת־גְּרָר tugboat

buoy מָצוֹף

רְצִיף quay

jetty מַעֲגָן

sailboat סִירַת מִפְרָשׂ

boat סִירָה

עֲגוּרָן crane

מִטְעָן cargo

cargo ship סְפִינַת מִטְעָן

customs מֶכֶס

to dock
לַעֲגוֹן
to set sail
לְהַפְלִיג
to sail
לָשׁוּט

On the ship בָּאוֹנִיָּה

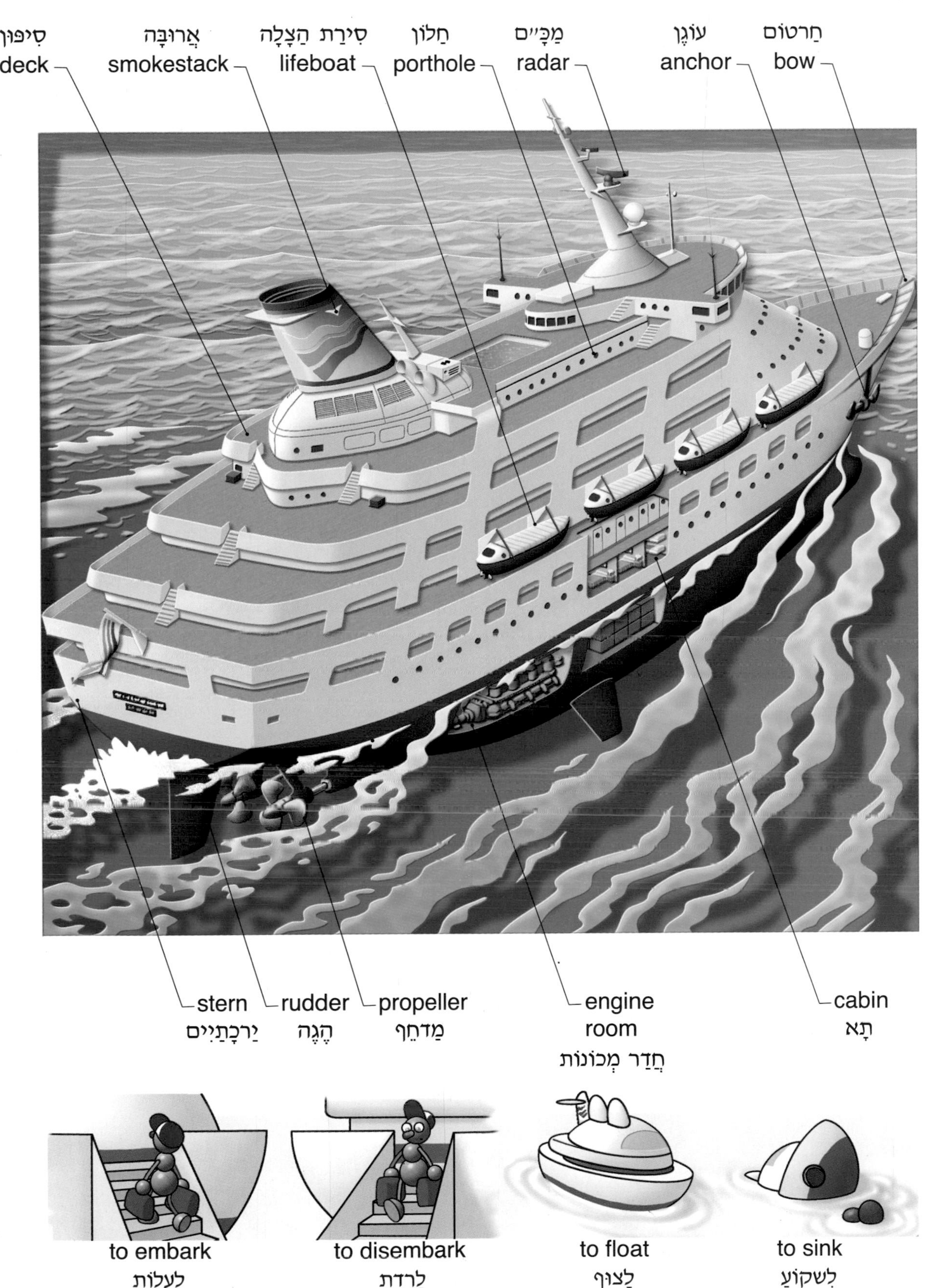

סִיפּוּן
deck
אֲרוּבָּה
smokestack
סִירַת הַצָּלָה
lifeboat
חַלּוֹן
porthole
מַכָּ"ם
radar
עוֹגֶן
anchor
חַרְטוֹם
bow
stern
יַרְכָתַיִים
rudder
הֶגֶה
propeller
מַדְחֵף
engine room
חֲדַר מְכוֹנוֹת
cabin
תָּא
to embark
לַעֲלוֹת
to disembark
לָרֶדֶת
to float
לָצוּף
to sink
לִשְׁקוֹעַ

Games and toys

kite עֲפִיפוֹן
swing נַדְנֵדָה
seesaw דנֵדָה
סְקֵייטְבּוֹרד
skateboard
roller
skates
גַלְגִילִיוֹת
hide-and-
seek
מַחְבּוֹאִים
slide
מַגְלֵשָׁה
jump rope
חֶבֶל קְפִיצָה
playground
מִגְרַשׁ מִשְׂחָקִים
tricycle
אוֹפַנַּיִים לִילָדִים
marbles
גוּלוֹת
to swing
לְהִתְנַדְנֵד
to skate
לְהַחְלִיק
to climb
לְטַפֵּס
to go down
לָרֶדֶת

מִשְׂחָקִים וְצַעֲצוּעִים

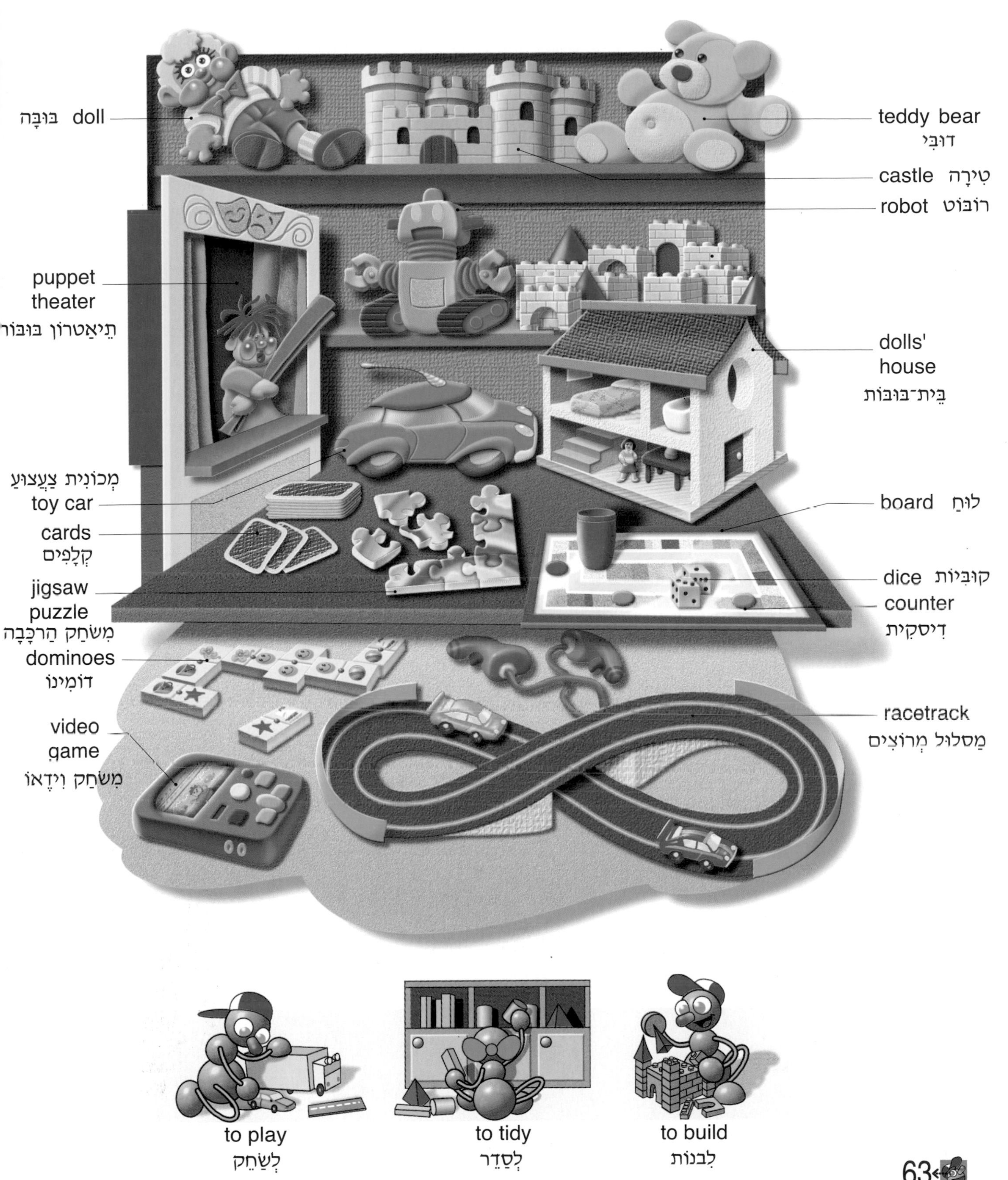

doll בּוּבָּה
teddy bear
דּוּבִּי
castle טִירָה
robot רוֹבּוֹט
puppet theater
תֵּיאַטְרוֹן בּוּבּוֹת
dolls' house
בֵּית־בּוּבּוֹת
מְכוֹנִית צַעֲצוּעַ
toy car
board לוּחַ
cards
קְלָפִים
dice קוּבִּיּוֹת
counter
דִּיסְקִית
jigsaw puzzle
מִשְׂחַק הַרְכָּבָה
dominoes
דוֹמִינוֹ
racetrack
מַסְלוּל מֵרוֹצִים
video game
מִשְׂחַק וִידֶאוֹ
to play
לְשַׂחֵק
to tidy
לְסַדֵּר
to build
לִבְנוֹת

Electronic equipment

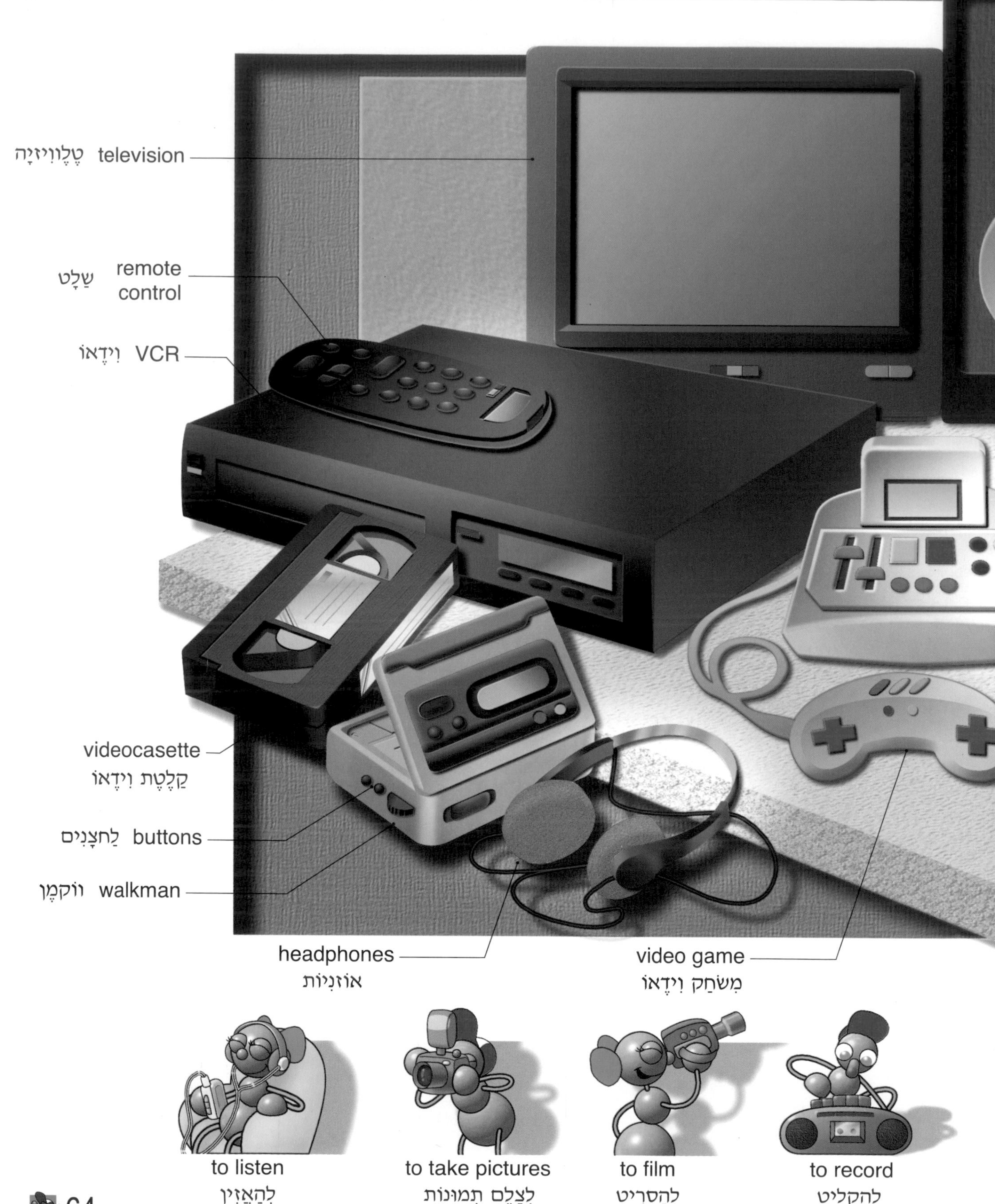

טֶלֶוִויזְיָה television
שַׁלָט remote control
וִידֶאוֹ VCR
videocasette
קַלֶטֶת וִידֶאוֹ
לַחְצָנִים buttons
ווֹקְמֶן walkman
headphones
אוֹזְנִיּוֹת
video game
מִשְׂחַק וִידֶאוֹ
to listen
לְהַאֲזִין
to take pictures
לְצַלֵּם תְּמוּנוֹת
to film
לְהַסְרִיט
to record
לְהַקְלִיט

צִיּוּד אֶלֶקְטְרוֹנִי

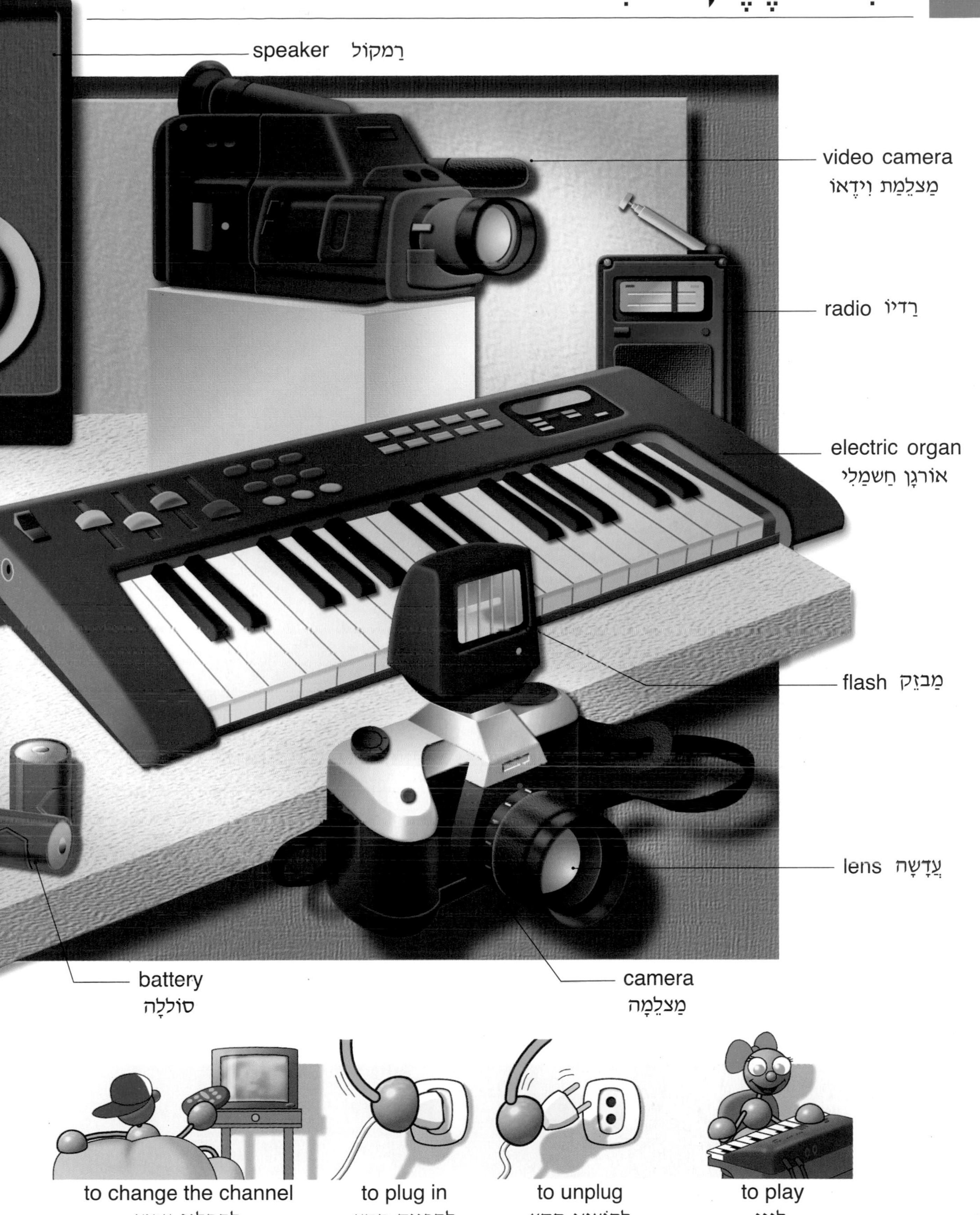
speaker רַמקוֹל
video camera
מַצלֵמַת וִידֶאוֹ
radio רַדיוֹ
electric organ
אוֹרגָן חַשמַלִי
flash מַבזֵק
lens עֲדָשָׁה
battery
סוֹללָה
camera
מַצלֵמָה

to change the channel
לְהַחֲלִיף עָרוּץ

to plug in
לְהַכנִיס תֶּקַע

to unplug
לְהוֹצִיא תֶּקַע

to play
לְנַגֵּן

Movies and plays סְרָטִים וּמַחֲזוֹת

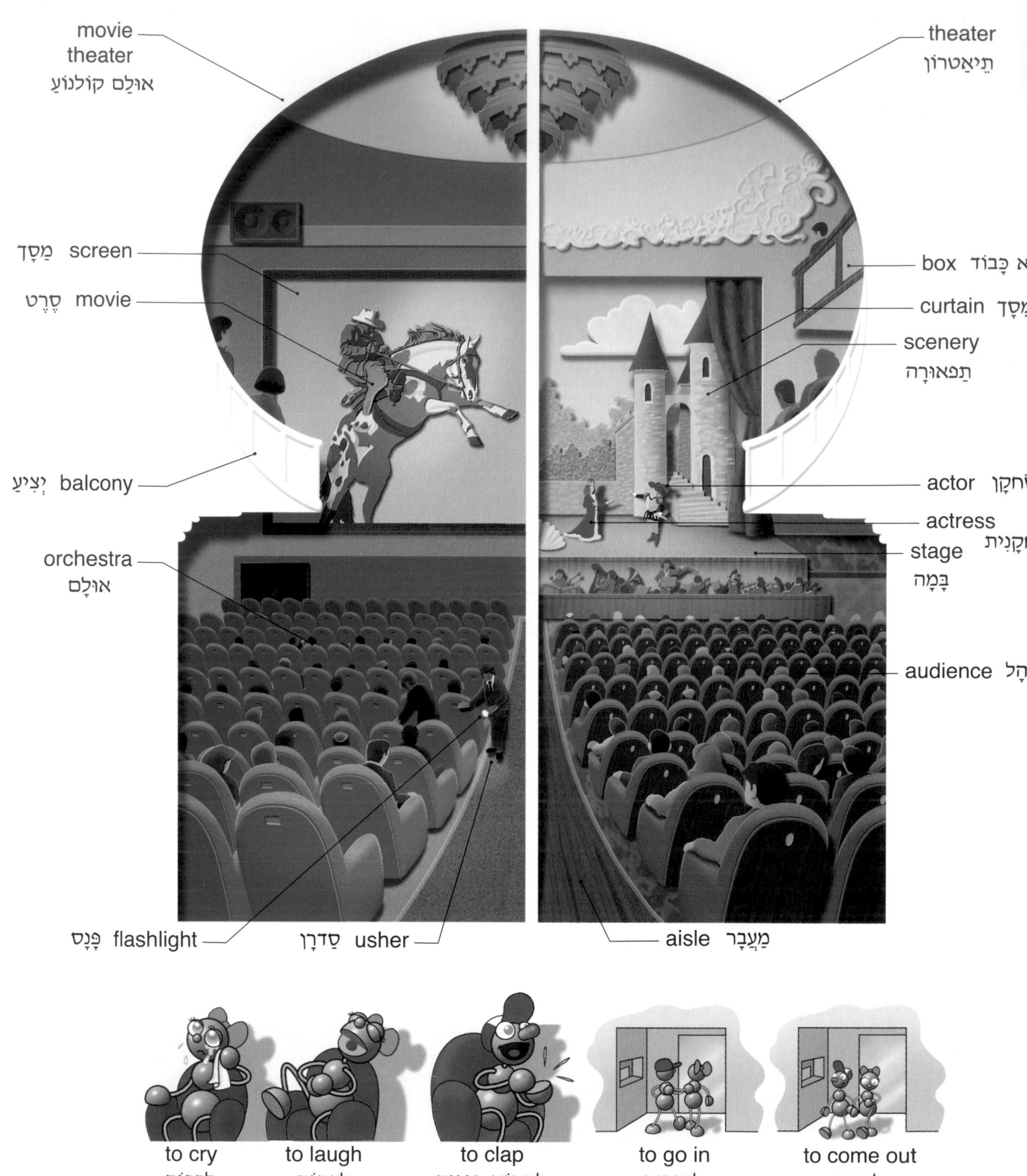

movie theater אוּלַם קוֹלנוֹעַ
theater תֵּיאַטְרוֹן
מָסָךְ screen
סֶרֶט movie
box א כָּבוֹד
curtain מַסָךְ
scenery תַּפאוּרָה
יָצִיעַ balcony
actor שַׂחְקָן
actress חקָנִית
orchestra אוּלָם
stage בָּמָה
audience קָהָל
פָּנָס flashlight
סַדְרָן usher
aisle מַעֲבָר
to cry לִבכּוֹת
to laugh לִצחוֹק
to clap לִמחוֹא כַּפַּיִים
to go in לְהִיכָּנֵס
to come out לָצֵאת

The television studio אוּלפַּן הַטֶלֶוִויזְיָה

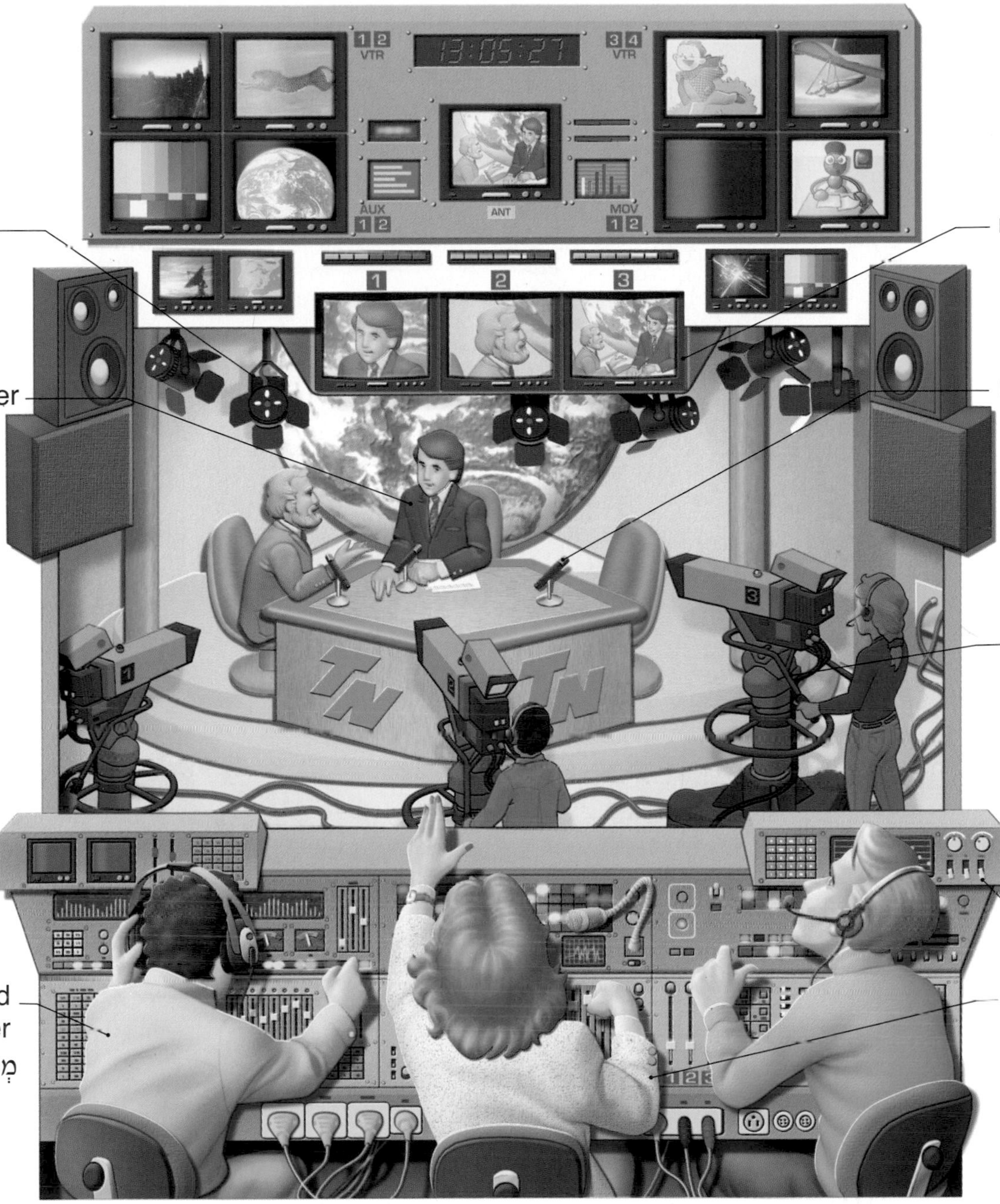

אוֹר light

monitor צַג

interviewer
מְרַאֲיֵין

microphone
מִיקרוֹפוֹן

camera
מַצלֵמָה

switch
מַפסֵק

sound engineer
מְהַנדֵס קוֹל

director בַּמַאי

to put on make up
לְאַפֵּר

to read the news
לִקרוֹא אֶת הַחֲדָשוֹת

to direct
לְבַיֵים

Musical instruments

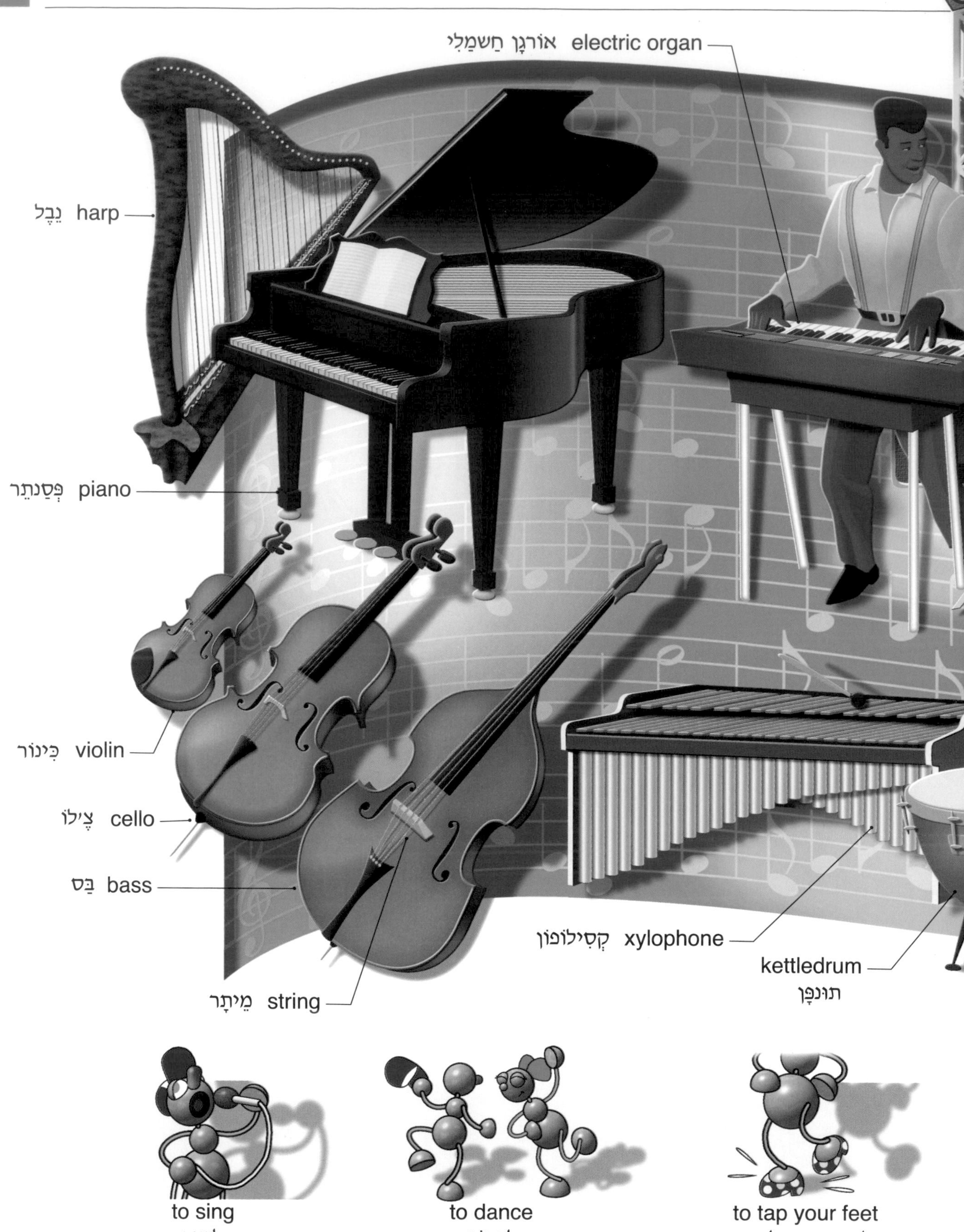

electric organ אוֹרְגָן חַשְׁמַלִּי
נֵבֶל harp
פְּסַנְתֵּר piano
כִּינוֹר violin
צֶ'ילוֹ cello
בַּס bass
קְסִילוֹפוֹן xylophone
kettledrum
תּוּנְפָּן
מֵיתָר string
to sing
לָשִׁיר
to dance
לִרְקוֹד
to tap your feet
לְהַקִּישׁ בָּרַגְלַיִם

כְּלֵי נְגִינָה

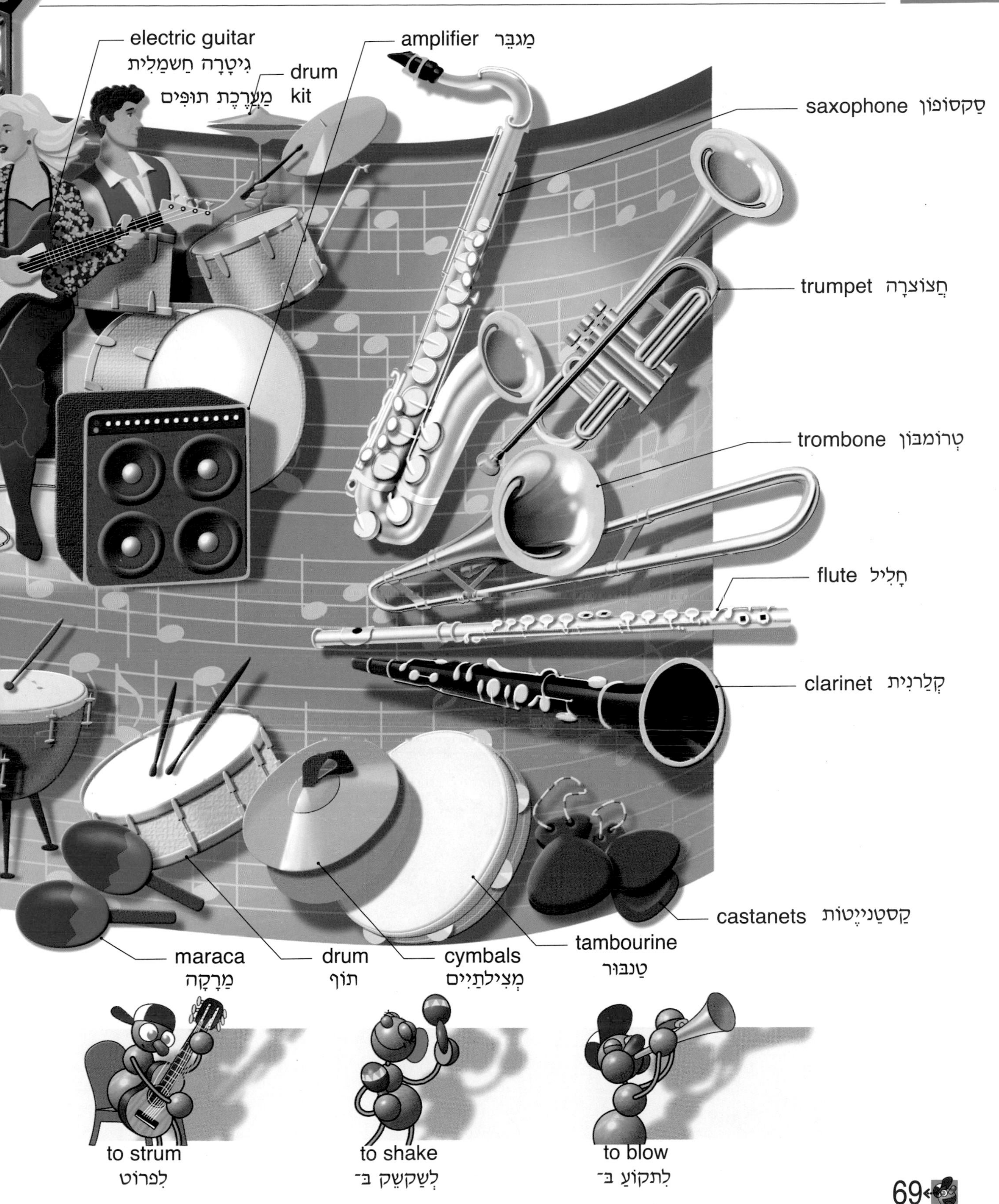
electric guitar
גִּיטָרָה חַשְׁמַלִּית
drum kit
מַעֲרֶכֶת תוּפִּים
amplifier מַגְבֵּר
saxophone סַקסוֹפוֹן
trumpet חֲצוֹצְרָה
trombone טְרוֹמבּוֹן
flute חָלִיל
clarinet קְלַרְנִית
castanets קַסטַנייֶטוֹת
tambourine
טַנבּוּר
cymbals
מְצִילתַיִים
drum
תוֹף
maraca
מָרָקָה
to strum
לִפרוֹט
to shake
לְשַקשֵק בּ־
to blow
לִתקוֹעַ בּ־

Basketball

כַּדּוּרְסַל

שַׂחְקָנִית
player
כַּדּוּר
ball
טַבַּעַת
hoop
backboard
לוּחַ הַסַּל
net רֶשֶׁת
substitute
שַׂחְקָנִית סַפְסָל
referee
שׁוֹפֵט
bench
סַפְסָל
knee pad
מָגֵן בֶּרֶךְ
לְהַקְפִּיץ to bounce
לִדְחוֹף to push
to score לִקְלוֹעַ
to pass לִמְסוֹר
tall
גָּבוֹהַ
short
נָמוּךְ
tired
עָיֵף

Soccer כַּדּוּרֶגֶל

אִיצְטַדְיוֹן
stadium
צוֹפִים
spectators
player שַׂחְקָן
post
עַמּוּד הַשַּׁעַר
net רֶשֶׁת
goal שַׁעַר
referee שׁוֹפֵט
goalkeeper
שׁוֹעֵר
field
מִגְרַשׁ כַּדּוּרֶגֶל
B.F.C. 0
2
scoreboard
לוּחַ הַתּוֹצָאוֹת
ball כַּדּוּר
stand יָצִיעַ
boot נַעַל כַּדּוּרֶגֶל
linesman קַוָּון
bench סַפְסָל
coach מְאַמֵּן
to kick לִבְעוֹט
to save לְהַצִּיל
to throw לִזְרוֹק
to blow the whistle
לִשְׁרוֹק בַּמַּשְׁרוֹקִית
excited
נִלְהָב
bored
מְשׁוּעֲמָם
nervous
לָחוּץ

Tennis טֶנִיס

player שַׂחְקָן

racket מַחְבֵּט

wristband מָגֵן זֵיעָה

line judge שׁוֹפֵט קַו

ball כַּדּוּר

net רֶשֶׁת

court מִגְרַשׁ טֶנִיס

to serve לְהַגִּישׁ

to return לְהַחְזִיר

to hit לַחְבּוֹט

Swimming שְׂחִיָּה

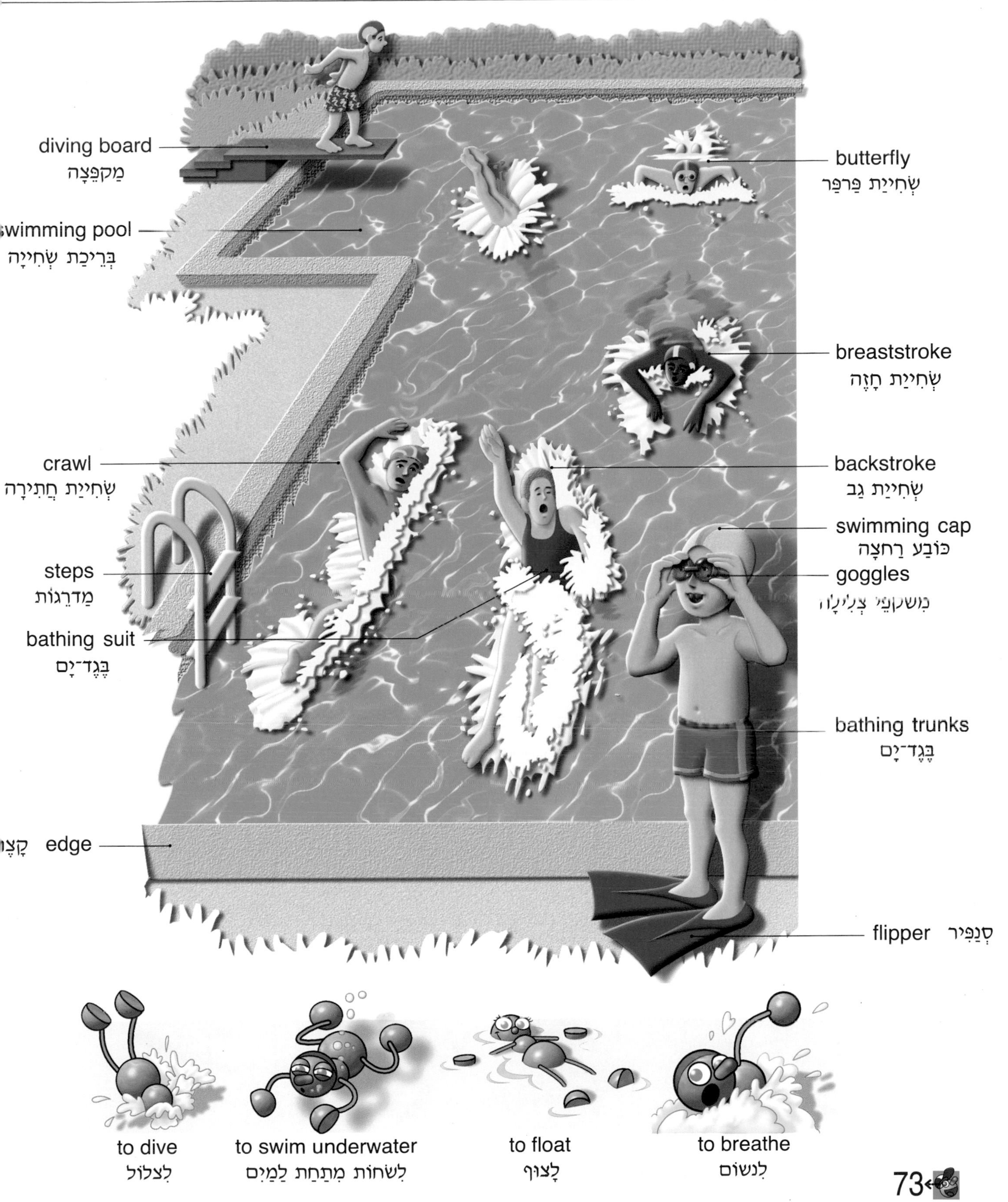

diving board
מַקְפֵּצָה
swimming pool
בְּרֵיכַת שְׂחִיָּה
crawl
שְׂחִיַּית חֲתִירָה
steps
מַדְרֵגוֹת
bathing suit
בֶּגֶד־יָם
edge קָצֶה
butterfly
שְׂחִיַּית פַּרְפַּר
breaststroke
שְׂחִיַּית חָזֶה
backstroke
שְׂחִיַּית גַּב
swimming cap
כּוֹבַע רַחְצָה
goggles
מִשְׁקְפֵי צְלִילָה
bathing trunks
בֶּגֶד־יָם
flipper סְנַפִּיר

to dive
לִצְלוֹל

to swim underwater
לִשְׂחוֹת מִתַּחַת לַמַּיִם

to float
לָצוּף

to breathe
לִנְשׁוֹם

Skiing סְקִי

ski lift רַכֶּבֶל
ski resort
אֲתַר סְקִי
flags דְּגָלִים
goggles
מִשְׁקְפֵי־מָגֵן
גּוֹלֵשׁ skier
jacket
מְעִיל קָצָר
glove כְּפָפָה
ski suit
חֲלִיפַת סְקִי
pole מוֹט
נַעַל boot
skis
מִגְלָשַׁיִם

to ski
לִגְלוֹשׁ

to go up
לַעֲלוֹת

to go down
לָרֶדֶת

to jump
לִקְפּוֹץ

Gymnastics and athletics הִתְעַמְּלוּת וְאַתְלֶטִיקָה

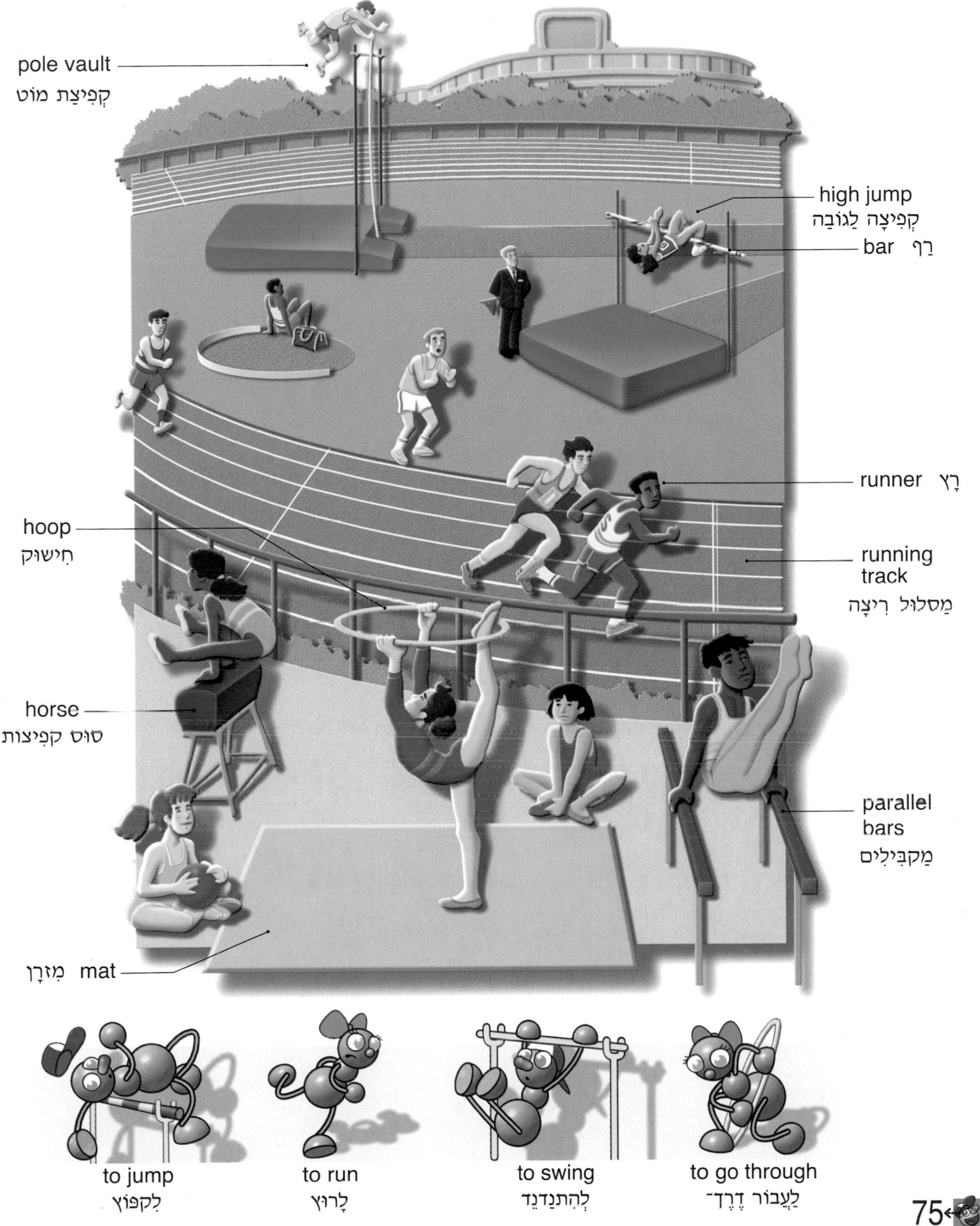

pole vault
קְפִיצַת מוֹט
high jump
קְפִיצָה לַגּוֹבַה
bar רַף
runner רָץ
hoop
חִישׁוּק
running track
מַסלוּל רִיצָה
horse
סוּס קְפִיצוֹת
parallel bars
מַקבִּילִים
מִזְרָן mat

to jump
לִקפּוֹץ

to run
לָרוּץ

to swing
לְהִתנַדנֵד

to go through
לַעֲבוֹר דֶּרֶךְ־

At the doctor's אֵצֶל הָרוֹפֵא

רוֹפְאָה doctor

prescription
מִרְשָׁם

thermometer
מַדחוֹם

headache
כְּאֵב רֹאשׁ

a cold
הִצטַנְנוּת

חוֹלָה patient

מִשְׁחָה ointment

syrup סִירוֹפּ

גְלוּלוֹת pills

to nurse
לְטַפֵּל בּ־

to sneeze
לְהִתְעַטֵּשׁ

to be sick
לִהְיוֹת חוֹלֶה

to examine
לִבדוֹק

to cough
לְהִשְׁתַּעֵל

At the dentist's אֵצֶל רוֹפֵא הַשִּׁינַּיִם

lamp מְנוֹרָה

dentist רוֹפֵא שִׁינַּיִם

assistant סַיָּיע

drill מַקְדֵּחָה

chair כִּיסֵא

tooth שֵׁן

glass כּוֹס

instruments מַכְשִׁירִים

basin כִּיוֹר

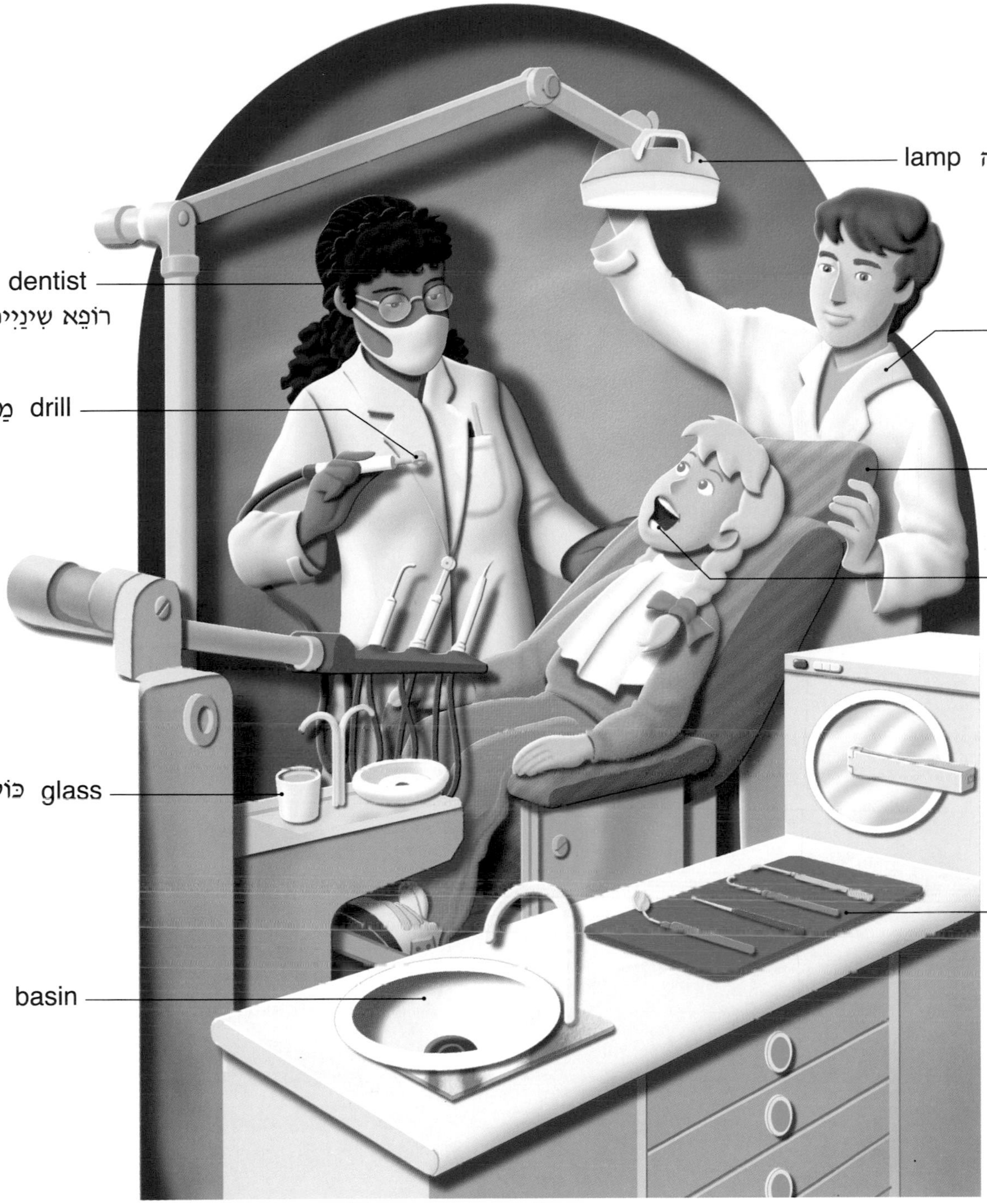

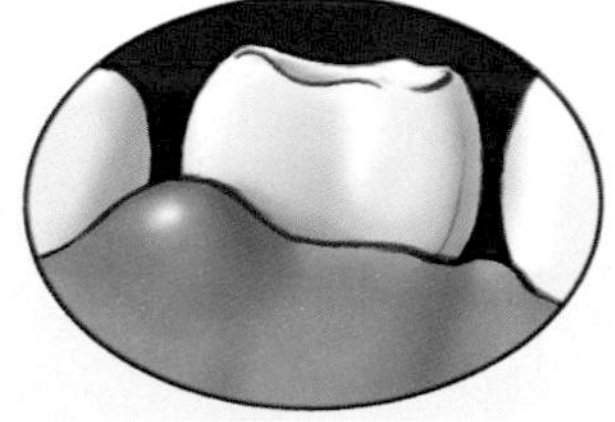

swollen gums
חֲנִיכַיִים נְפוּחִים

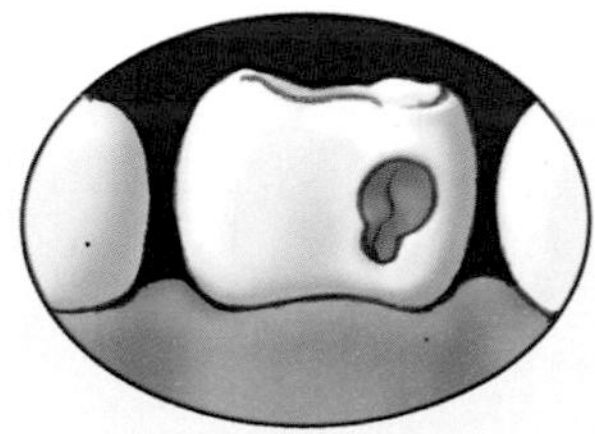

decayed tooth
שֵׁן רְקוּבָה

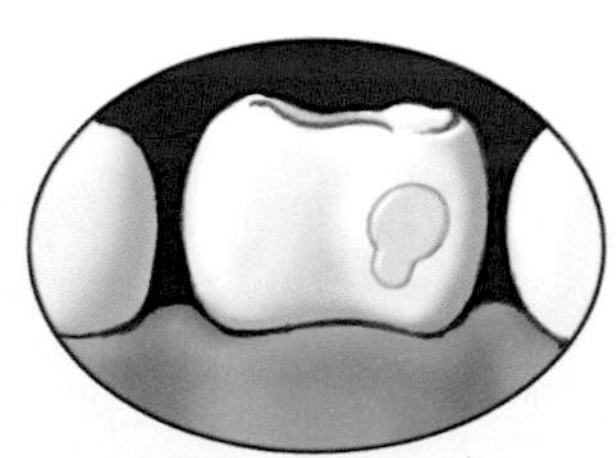

filled tooth
שֵׁן עִם סְתִימָה

The hospital ית הַחוֹלִים

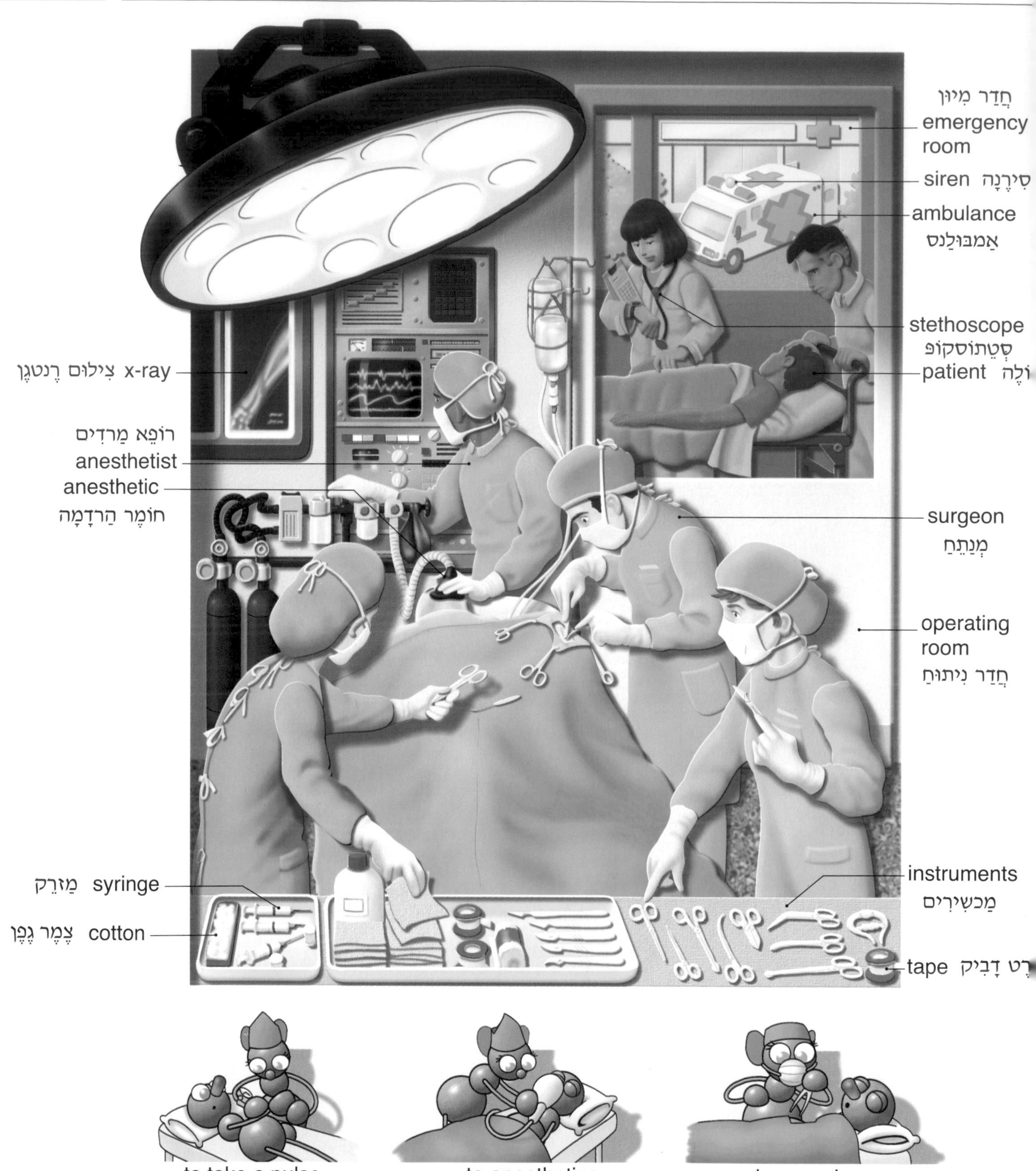

חֲדַר מִיוּן emergency room
siren סִירֶנָה
ambulance אַמְבּוּלַנְס
stethoscope סְטֶתוֹסְקוֹפּ
patient וֹלֶה
צִילוּם רֶנְטְגֶן x-ray
רוֹפֵא מַרְדִּים anesthetist
anesthetic חוֹמֶר הַרְדָמָה
surgeon מְנַתֵּחַ
operating room חֲדַר נִיתוּחַ
instruments מַכְשִׁירִים
מַזְרֵק syringe
צֶמֶר גֶּפֶן cotton
tape רֶט דָבִיק
to take a pulse
לִבְדוֹק דוֹפֶק
to anesthetize
לְהַרְדִּים
to operate
לְנַתֵּחַ

Firefighting כַּבָּאוּת

fire engine מְכוֹנִית כִּיבּוּי

ladder סוּלָם

helmet קַסְדָה

alarm מַכְשִׁיר אַזְעָקָה

boot מַגָּף

firefighter כַּבַּאי

hose זַרְנוּק

to rescue
לְהַצִּיל

to feel dizzy
לְהַרְגִּישׁ סְחַרְחוֹרֶת

to put out
לְכַבּוֹת

At the post office דוֹאַר

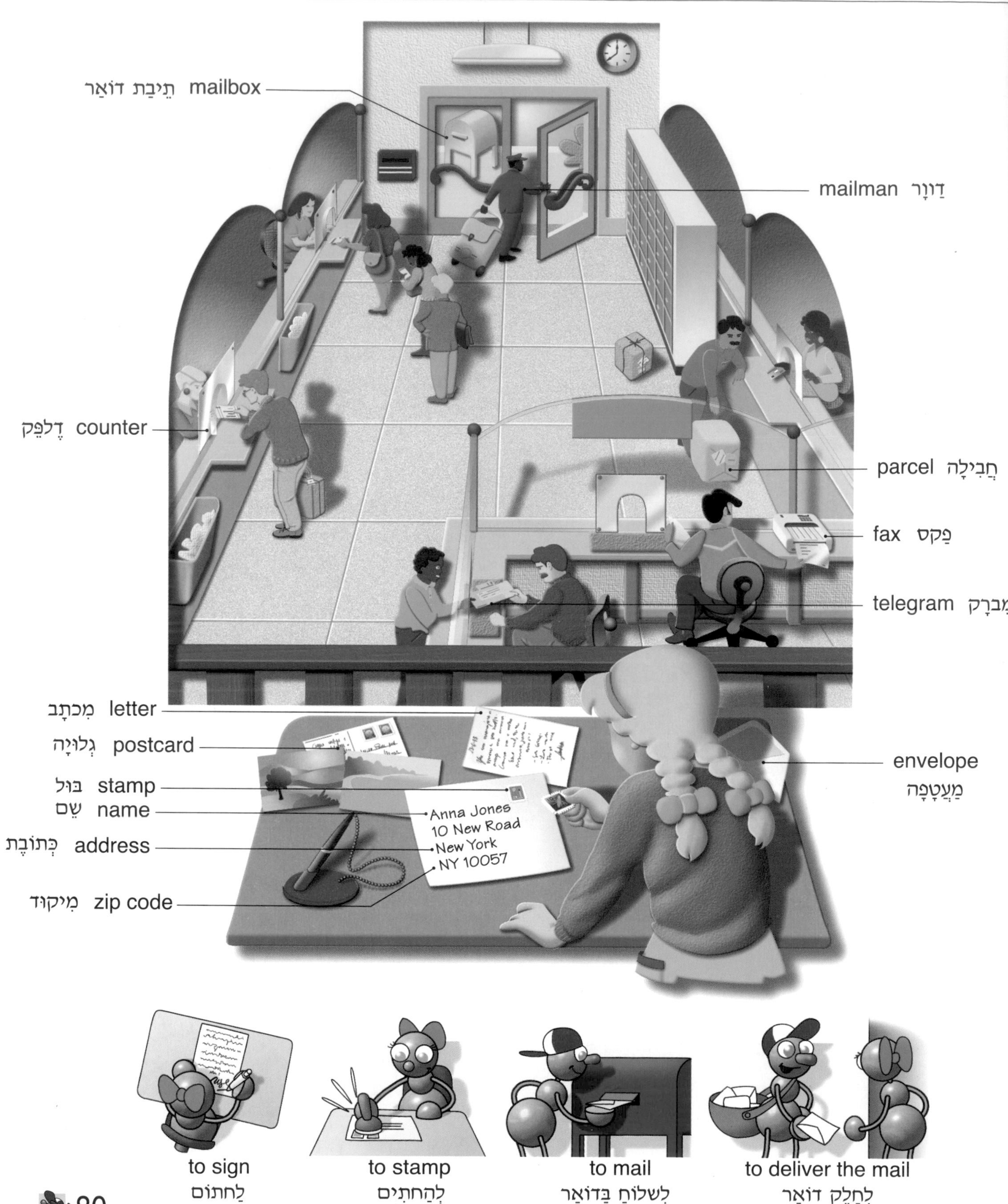

תֵּיבַת דוֹאַר mailbox
mailman דַּוָּור
דֶּלְפֵּק counter
parcel חֲבִילָה
fax פַּקְס
telegram מִבְרָק
מִכְתָּב letter
גְּלוּיָה postcard
בּוּל stamp
שֵׁם name
כְּתוֹבֶת address
מִיקוּד zip code
envelope
מַעֲטָפָה
Anna Jones
10 New Road
New York
NY 10057
to sign
לַחְתּוֹם
to stamp
לְהַחְתִּים
to mail
לִשְׁלוֹחַ בַּדּוֹאַר
to deliver the mail
לְחַלֵּק דוֹאַר

At the supermarket בַּמַרכּוֹל

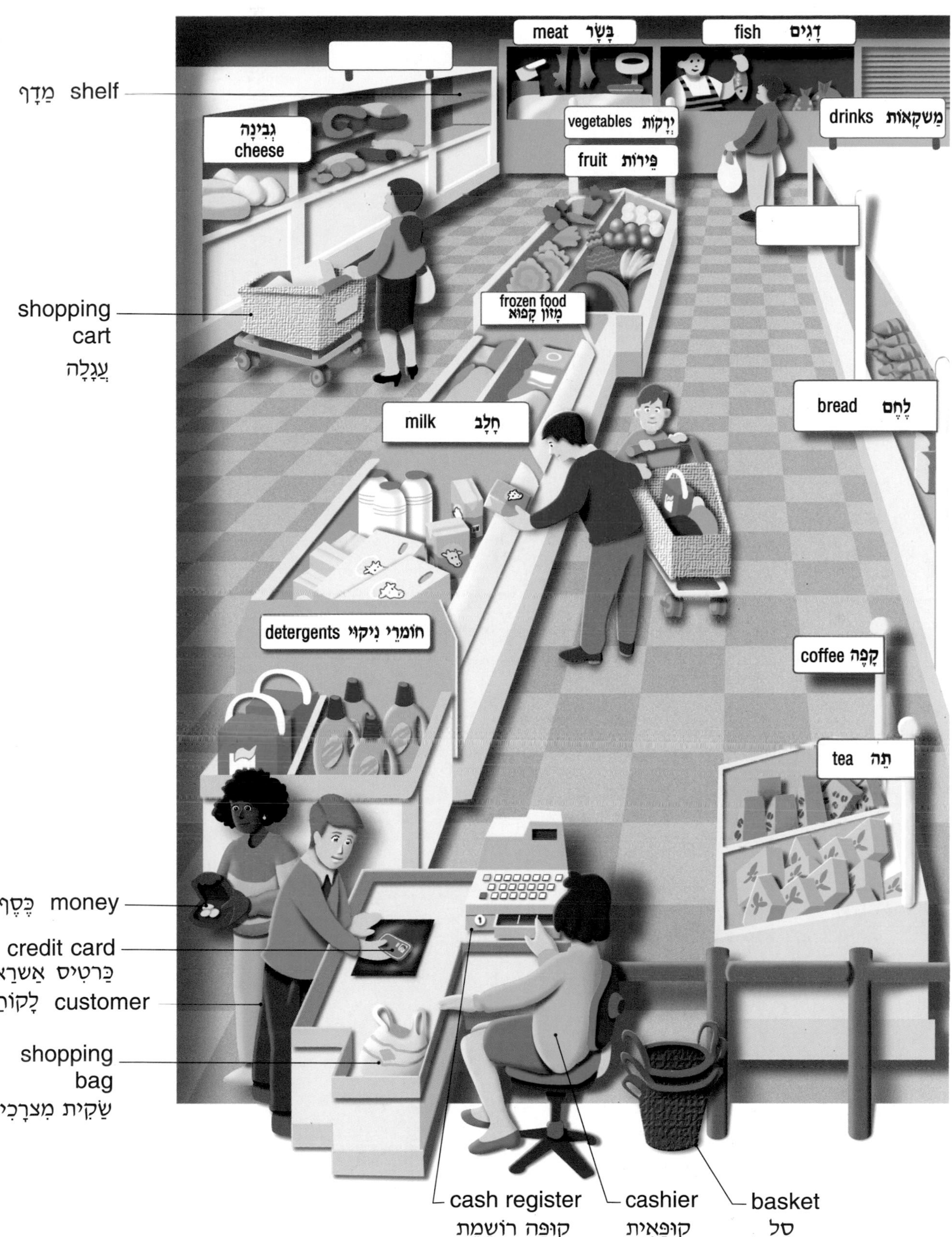

מַדָּף shelf
גְּבִינָה cheese
meat בָּשָׂר
fish דָּגִים
vegetables יְרָקוֹת
fruit פֵּירוֹת
drinks מַשְׁקָאוֹת
shopping cart
עֲגָלָה
frozen food
מָזוֹן קָפוּא
milk חָלָב
bread לֶחֶם
detergents חוֹמְרֵי נִיקוּי
coffee קָפֶה
tea תֵּה
כֶּסֶף money
credit card
כַּרְטִיס אַשְׁרַאי
לָקוֹחַ customer
shopping bag
שַׂקִּית מִצְרָכִים
cash register
קוּפָּה רוֹשֶׁמֶת
cashier
קוּפָּאִית
basket
סַל

The Universe

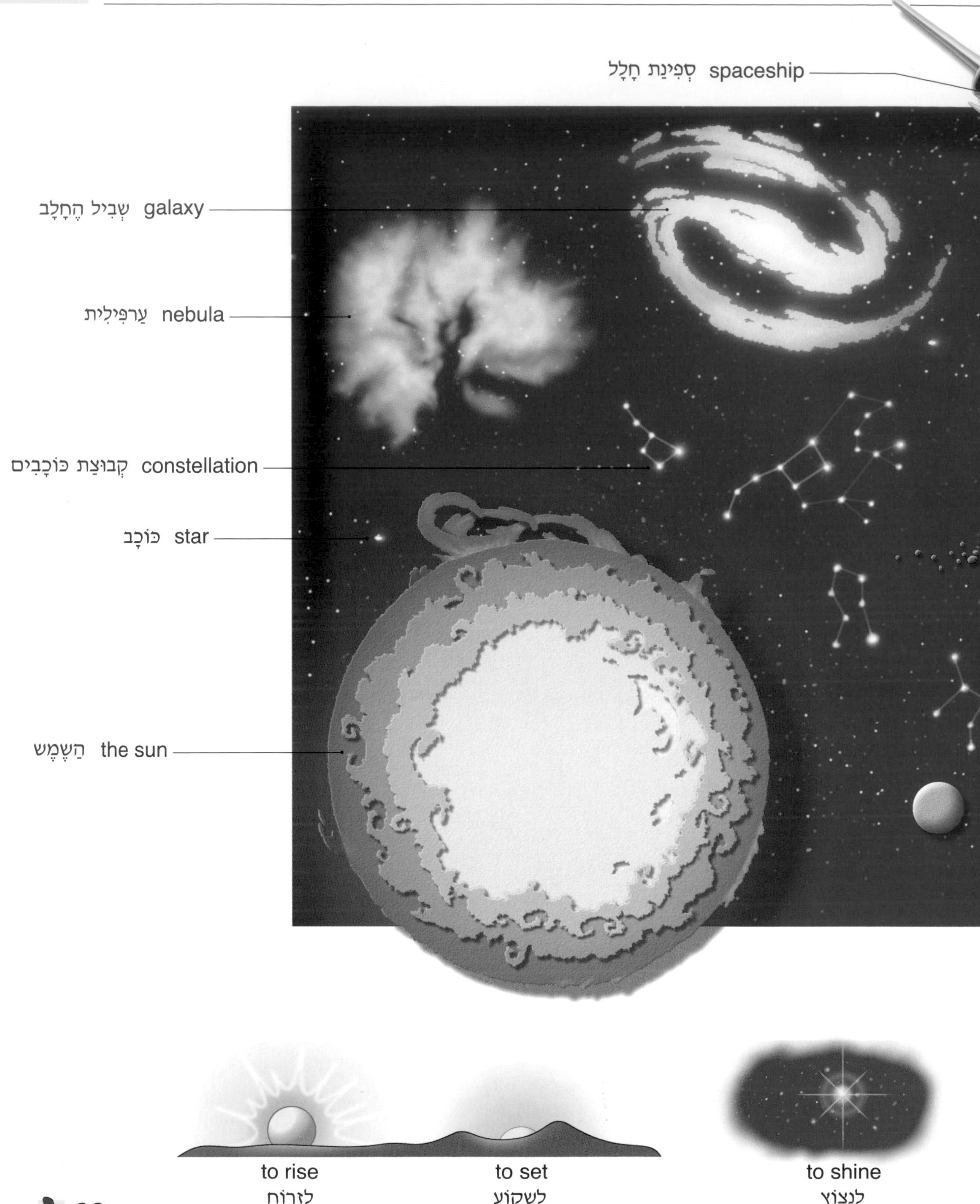

סְפִינַת חָלָל spaceship
שְׁבִיל הֶחָלָב galaxy
עַרְפִּילִית nebula
קְבוּצַת כּוֹכָבִים constellation
כּוֹכָב star
הַשֶּׁמֶשׁ the sun
to rise
לִזרוֹחַ
to set
לִשקוֹעַ
to shine
לִנצוֹץ

הַיקוּם

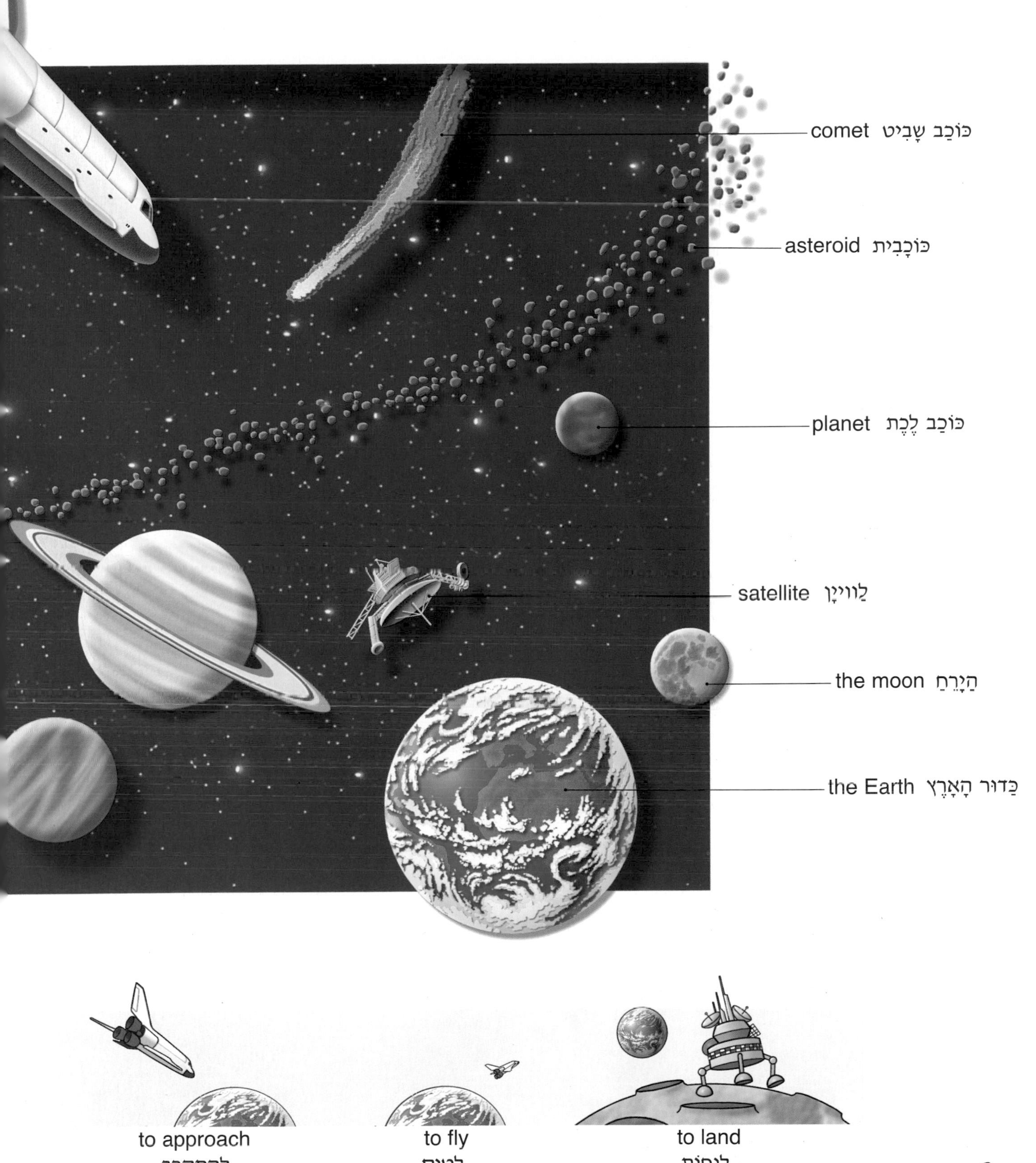

comet כּוֹכַב שָׁבִיט
asteroid כּוֹכָבִית
planet כּוֹכַב לֶכֶת
satellite לַוְויָן
the moon הַיָּרֵחַ
the Earth כַּדּוּר הָאָרֶץ

to approach
לְהִתְקָרֵב

to fly
לָטוּס

to land
לִנְחוֹת

In the country בַּכְּפָר

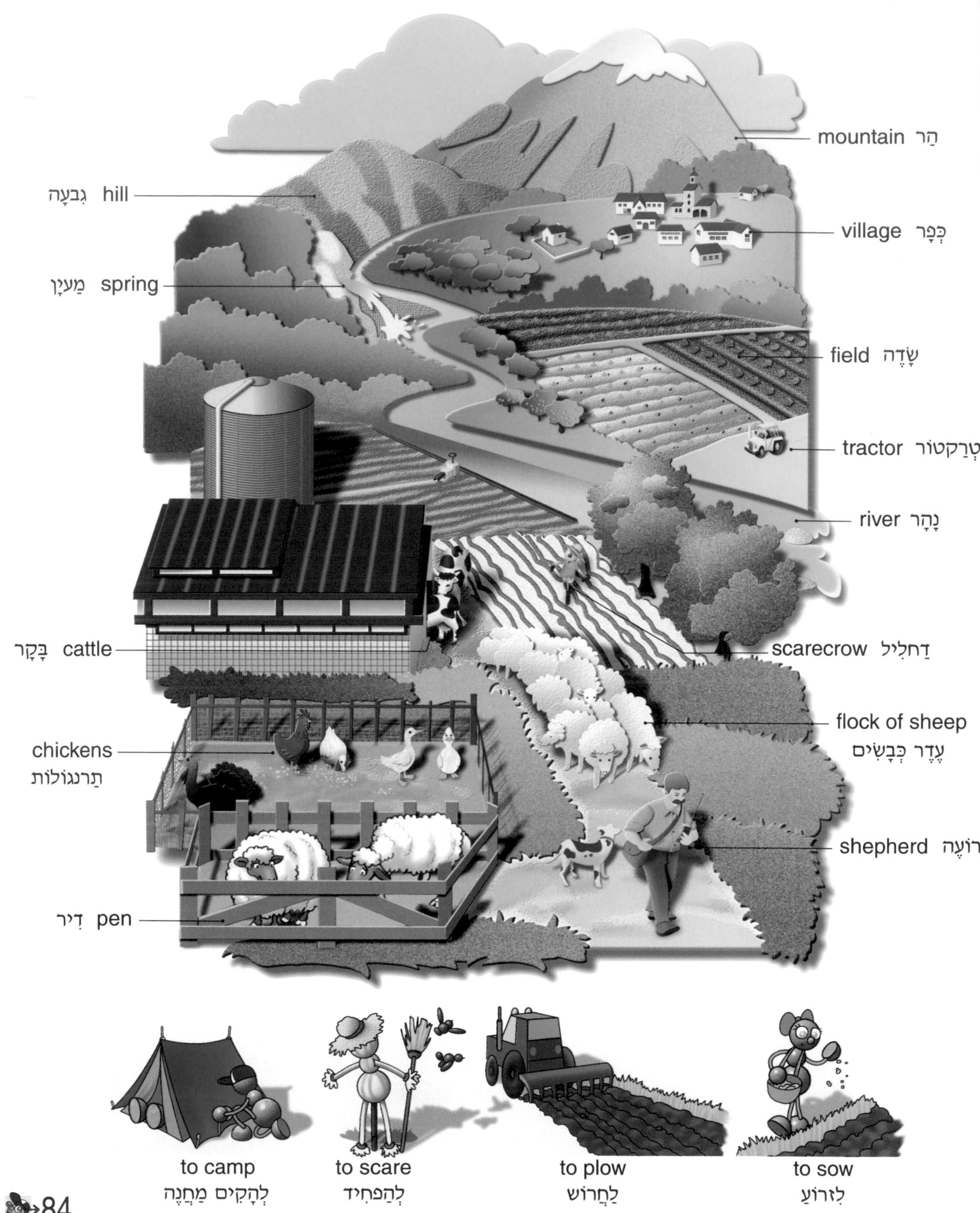
mountain הַר
גִּבְעָה hill
village כְּפָר
מַעְיָן spring
field שָׂדֶה
tractor טְרַקְטוֹר
river נָהָר
בָּקָר cattle
scarecrow דַּחְלִיל
flock of sheep
עֵדֶר כְּבָשִׂים
chickens
תַּרְנְגוֹלוֹת
shepherd רוֹעֶה
דִּיר pen
to camp
לְהָקִים מַחֲנֶה
to scare
לְהַפְחִיד
to plow
לַחֲרוֹשׁ
to sow
לִזְרוֹעַ

On the beach

בְּחוֹף הַיָּם

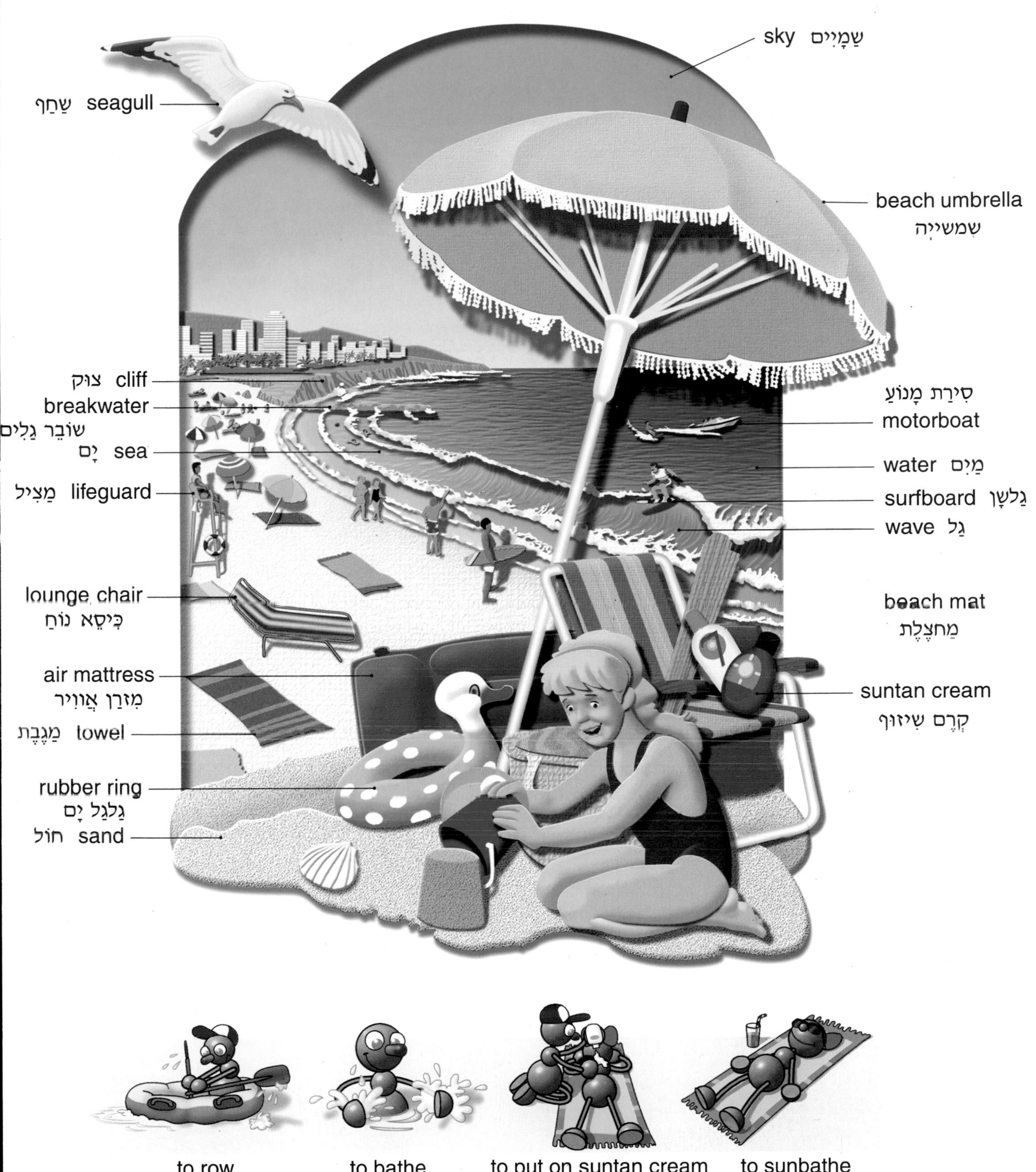

sky שָׁמַיִם
seagull שַׁחַף
beach umbrella
שִׁמְשִׁיָּה
cliff צוּק
breakwater
שׁוֹבֵר גַּלִּים
sea יָם
lifeguard מַצִּיל
סִירַת מָנוֹעַ
motorboat
water מַיִם
surfboard גַּלְשָׁן
wave גַּל
lounge chair
כִּסֵּא נוֹחַ
beach mat
מַחְצֶלֶת
air mattress
מִזְרַן אֲוִויר
suntan cream
קֶרֶם שִׁיזּוּף
towel מַגֶּבֶת
rubber ring
גַּלְגַּל יָם
sand חוֹל

to row
לַחְתּוֹר

to bathe
לִרְחוֹץ בַּיָּם

to put on suntan cream
לָשִׂים קֶרֶם שִׁיזּוּף

to sunbathe
לְהִשְׁתַּזֵּף

The weather מֶזֶג הָאֲוִויר

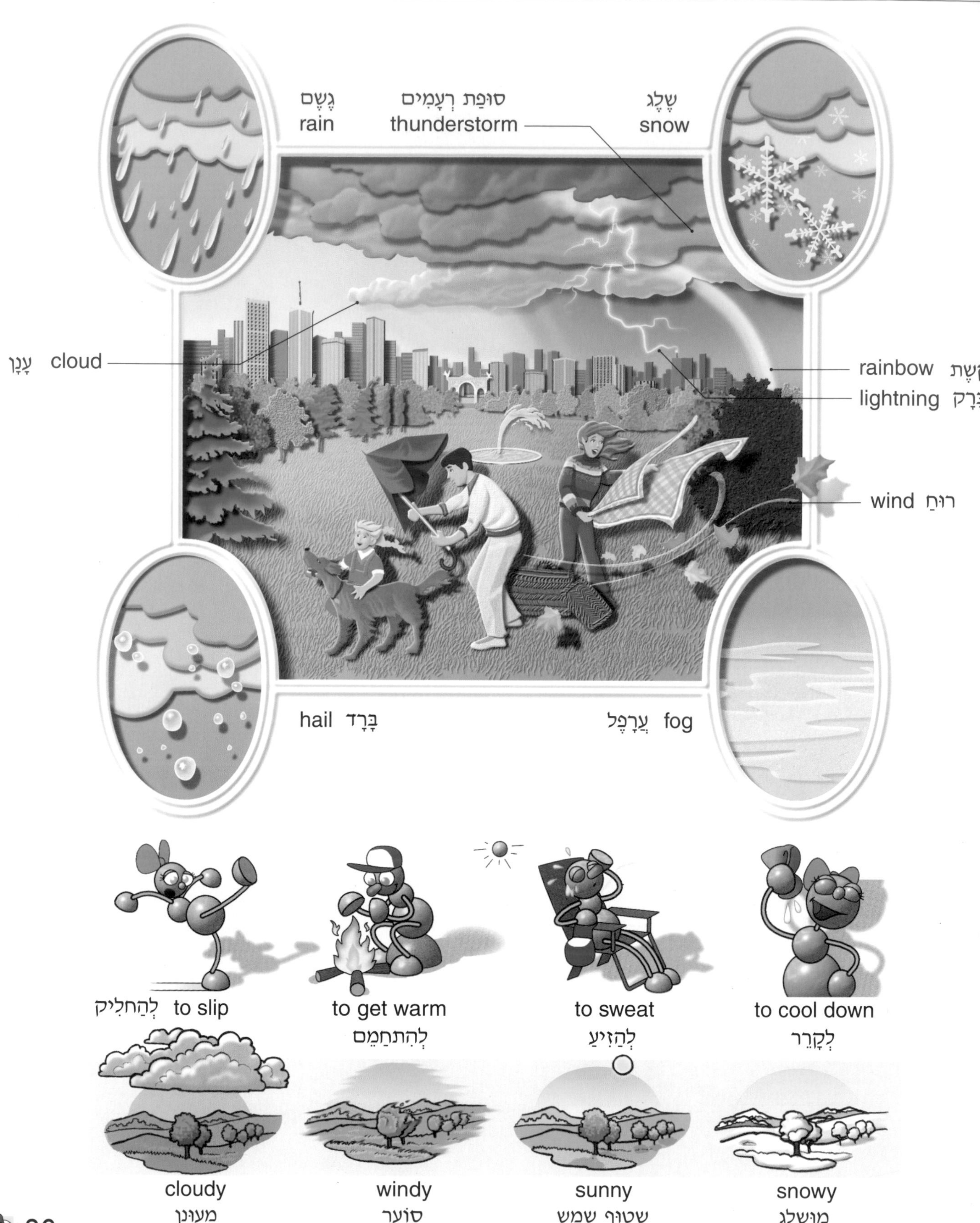
גֶשֶׁם
rain
סוּפַת רְעָמִים
thunderstorm
שֶׁלֶג
snow
עָנָן cloud
rainbow קֶשֶׁת
lightning בָּרָק
wind רוּחַ
hail בָּרָד
עֲרָפֶל fog
לְהַחְלִיק to slip
to get warm
לְהִתְחַמֵּם
to sweat
לְהַזִּיעַ
to cool down
לְקָרֵר
cloudy
מְעוּנָן
windy
סוֹעֵר
sunny
שְׁטוּף שֶׁמֶשׁ
snowy
מוּשְׁלָג

The seasons עוֹנוֹת הַשָּׁנָה

winter חוֹרֶף
spring אָבִיב
autumn סְתָו
summer קַיִץ
to grow לִצמוֹחַ, לִגדוֹל
to flower לִפרוֹחַ
to sweep up לְטַאטֵא
to pile up לַעֲשׂוֹת עֲרֵימָה
autumnal סְתָוִי
wintry חוֹרפִּי
spring-like אֲבִיבִי
summery קֵיצִי

A
Z

ENGLISH WORD LIST

A

above 20
actor 66
actress 66
add 26
address 80
air conditioner 15
air mattress 85
airplane 59
airport 58
aisle 59, 66
alarm 79
alarm clock 16
almond 44
ambulance 78
amplifier 69
anesthetic 78
anesthetize 78
anesthetist 78
anchor 61
animals 40
ankle 6
antenna 54
apartment 48
apple 44
apple tree 42
apricot 44
approach 20, 83
Archaeopteryx 29
arm 6
armchair 15
arrivals 56
artichoke 45
ask for 48
asparagus 45
assistant 77
asteroid 83
athletics 75
attack 35
audience 66
aunt 10
autumn 87
autumnal 87

B

baby 10
back 6, 30, 31
backboard 70
back leg 30
backstroke 73
baggage 57
baggage cart 56
balcony 66
ball 70, 71, 72
balloon 11
ballpoint pen 23
banana 44
bandage 52
bank 48
bar 75
bark 30
basin 77
basket 81
basketball 70
bass 68
bath mat 17
bathe 85
bathing suit 73
bathing trunks 73
bathrobe 13
bathroom 17
bathtub 17
battery 54, 65
beach 85
beach mat 85
beach umbrella 85
beak 33
bear 41
bed 16
bedroom 16
bedside table 16
bedspread 16
bee 38
beehive 38
beet 45
behind 21
bell 14, 55
below 20
belt 12
bench 70, 71
bend 7, 51
between 21
bicycle 55
bidet 17
big 35, 55
bird 33
birthday cake 11
black 21, 25
blackboard 22
blanket 16
bleat 32
blender 18
blind 16
blow 69, 71
blue 25
board 63
boat 60
body 6, 36
boil 45
bones 7
book 23
bookshelves 15
boot 71, 74, 79
bored 71
bounce 70
bow 61
bowl 18
box 66
boxer shorts 13
Brachiosaurus 28
brake 54, 55
branch 42
bread 81
bread basket 19
breakwater 85
breaststroke 73
breathe 73
bricklayer 52
bridge 50
broad beans 45
brother 10
brown 21, 24
brush your teeth 17
build 38, 63
building 51
bulging eyes 36
bulletin board 22
bumper 54
buoy 60
bus 58
butcher 52
butterfly 37, 73
button up 12

buttons 64
buy 48

C

cabbage 45
cab driver 53
cabin 57, 61
cabinet 19
cackle 33
cactus 42
calculator 23
calf 32
camera 65, 67
camel 31
camp 84
candles 11
candy 11
can-opener 18
cap 12
car 54
car wash 54
cardigan 12
cards 63
cargo 60
cargo ship 60
carnation 43
carnivorous 29
carrot 45
cashier 81
cash register 81
castanets 69
castle 63
cat 30
catch 39
catch a train 56
caterpillar 37
cattle 84
cauliflower 45
ceiling 16
celery 45
cello 68
cereals 45
chain 55
chair 15, 77
chalk 22
change channel 65
chard 45
chase 34
check-in 58
cheek 6
cheese 81
cherry 44
chest 6
chick 33
chickens 84
chimney 14
chin 6
chocolates 11
chop 18
chrysalis 37
chrysanthemum 43
circle 27
city 48
clap 66
clarinet 69
classroom 22
claw 33, 34
clean 13
cliff 85
climb 62
clippers 47
clock 22, 56
close together 14
closed 22
closet 16
clothes 12
cloud 86
cloudy 86
coach 71
cockpit 59
coffee 81
coffee-maker 18
coffee shop 48
coffee table 15
cold 9, 76
colorful 37
colors 24
comb 17, 33
comb your hair 17
come out 66
comet 83
comfortable 15
comforter 16
compact disc 16
compass 23
Compsognathus 29
computer 16
conductor 57
cone 27
constellation 82
control tower 58
cookies 11
cool down 86
copilot 59
corkscrew 18
corn 45
corner 49
cotton 78
cough 76
counter 63, 80
country 84
court 72
cousin 10
cow 32
crab 40
crane 60
crash 51
crawl 73
creased 12
credit card 81
croak 36
crocodile 40
cross 49
crosswalk 49
crouch 6
cry 10, 66
cube 27
cucumber 45
cup 19
cupcake 11
curious 30
curl up 34
curtain 66
custard apple 44
customer 81
customs 58, 60
cut 11, 18, 53
cut out 22
cymbals 69

D

dahlia 43
daisy 43
dance 68
dangerous 49
dark 25
dark hair 6
date 44
decayed tooth 77
deck 61
decorate 11
decorations 11
deflated 55

deliver the mail 80
dentist 77
departures 56
desk 22
detergents 81
dice 63
dictionary 23
die 28
different 11
dig 47
diner 57
dinosaurs 28
Diplodocus 28
direct 67
director 67
dirty 13
disembark 61
dishwasher 19
dive 36, 73
dive underwater 39
divide 26
diving board 73
do the dishes 19
dock 60
doctor 76
dog 30
doghouse 14
doll 63
dolls' house 63
dolphin 40
dominoes 63
door 14
drain 45, 49
draw 24
drawer 13
drill 77
drink 38
drinks 81
drive 54
drum 69
drum kit 69
dry yourself 17

E

eagle 41
ear 8, 30
Earth 83
earth 46
edge 73
egg 33, 37
eggplant 45
eight 26
eighteen 26
eighth 27
eighty 26
elbow 6
electric guitar 69
electric organ 65, 68
electrician 52
electronic 64
elephant 41
eleven 26
elm 42
embark 61
emergency room 78
empty 38
encyclopedia 22
engine 54, 57
engineer 57
engine room 61
envelope 80
equipment 64
erase 22
eraser 22, 23
escape 34
examine 76
excited 71
exhaust pipe 55
explain 58
eye 9, 30, 35, 37, 39
eyebrow 9
eyelashes 9
eyelid 9, 34

F

face 6, 20
fair 6
family 10
far 20
far apart 14
farmer 53
fast 54
fasten your seat belt 59
fat 6
father 10
faucet 17
fax 80
feathers 33
feel dizzy 79
feelers 37, 38
fence 14, 46
field 71, 84
fierce 30
fifteen 26
fifth 26
fifty 26
fig 44
filled tooth 77
film 64
fin 35
fine 25
finger 6
fir 42
fire engine 79
fire fighter 79
firefighting 79
first 26
fish 35, 53, 81
fisherman 53
fishing boat 60
fishmonger 52
five 26
flags 74
flamingo 40
flash 65
flashlight 66
flight attendant 59
flipper 73
float 61, 73
flock 32, 84
floor 16
flower, flowers 43, 46, 87
flower bed 46
flute 69
fly 28, 59, 83
foal 31
fog 86
foot 6
footbridge 50
forehead 6
fork 18, 47
forty 26
fountain pen 23
four 26
fourteen 26
fourth 26
freight train 57
fridge 18
friendly 30
frightened 30

frog 36
frogspawn 36
front leg 30
frozen food 81
fruit 44, 81
fry 19
fuel 58
full 38
fur 30

G

galaxy 82
gallop 31
game 63
games 62
garage 14
garden 46
garden hose 47
garden tools 47
gardener 46
garlic 45
gas station 51
get dressed 12
get undressed 12
get up 16
get warm 86
gigantic 29
gills 35
ginger 21
giraffe 41
give a present 11
glass 18, 77
globe 22
glove 74
go away 20
go down 14, 62, 74
go in 66
go through 75
go up 14, 74
goal 71
goalkeeper 71
goggles 73, 74
gorilla 41
graft 42
grandfather 10
grandmother 10
grapes 44
grapefruit 44
grass 46
grate 18
grater 18
gray 21, 24
green 24
green beans 45
greengrocer 52
greenhouse 46
grow 42, 87
gymnastics 75

H

hail 86
hairdresser 53
hair dryer 17
hand 6
handlebars 55
hangar 58
hanger 16
happy 10
hard 9
hard-working 38
harp 68
hat 12
hatch 28
hazelnut 44
head 6, 36, 37, 39
headache 76
headlights 54
headphones 64
hear 8
hearing 8
heavy 29
hedge 46
helmet 55, 79
hen 33
herbivorous 29
hide 39
hide-and-seek 62
high jump 75
highway 50
hill 84
hip 6
hippopotamus 40
hit 72
honey 38
honeycomb 38
hood 54
hoof 31, 32
hoop 70, 75
horn 32
horse 31, 75
hose 47, 79
hospital 78
hot 9
hotel 48
house 14
hug 11
hump 31
hundred 26
hungry 37
hyacinth 43
hydrangea 43
hyena 41

I

in 21
in front of 20, 21
information 56
information board 56
inspect 58
instruments 77, 78
interviewer 67
iris 9
ironed 12

J

jacket 12, 74
jaw 35
jet engine 59
jetty 60
jigsaw puzzle 63
jobs 52
joints 7
juice 11
jump 6, 36, 74, 75
jump rope 62

K

kangaroo 41
kettledrum 68
keyboard 16
kick 71
kiss 11
kitchen 18
kite 62

kiwi 44
knee 6
knee pad 70
knife 18

L

ladder 79
ladle 19
lamb 32
lamp 15, 77
land 59, 83
land animal 34
lane 50
laugh 10, 66
lawn mower 47
lawyer 52
leaf 42
lean out 14
leek 45
leg 6, 34, 36
lemon 44
lens 65
lentils 45
leopard 41
letter 80
lettuce 45
library 48
lick 30
lie down 6, 15
lifeboat 61
lifeguard 85
light 25, 29, 37, 67
lighthouse 60
lightning 86
lily 43
line judge 72
linesman 71
lion 41
lip 9, 31
listen 64
living room 15
load 56
lock 54
locker 56
long 12
look 49
look out 35
loose 13
lounge chair 85
love 10

M

mail 80
mailbox 49, 80
mailman 80
mandarin 44
mane 31
map 22
maraca 69
marbles 62
marine animal 34
mat 17, 75
meat 81
mechanic 51
medium-sized 55
melon 44
messy 15
mew 30
microphone 67
microwave oven 19
milk 32, 81
million 26
mirror 17, 55
miss a train 56
mixer 18
model 53
modern 54
money 81
monitor 67
moo 32
moon 83
mother 10
motor 55
motorbike 55
motorboat 85
mouth 35
mountain 84
movie, movies 66
movie theater 48, 66
multiply 26
muscles 7
muscular 7
museum 48
mushroom 45
musical
instruments 68

N

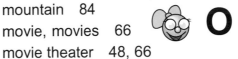

name 80
napkin 19
near 20
nebula 82
neck 6, 31
neigh 31
nervous 71
net 70, 71, 72
new 14
newsstand 49
nightie 13
nine 26
nineteen 26
ninety 26
ninth 27
noisy 10, 48
nose 8, 30
nostril 8
notebook 23
numbers 26
nurse 76
nuts 44

O

oak 42
obedient 32
octopus 39
oil 55
ointment 76
old 10, 14, 54
olive tree 42
on 20
on the left 21
on the right 21
one 26
one hundred 26
one million 26
one thousand 26
onion 45
open 22
operate 78
operating room 78
orange 24, 44
orchestra 66
ostrich 41
other 40
out 21
overtake 20, 50

P

pad 23
paint 24
painter 53
pajamas 13
palm 42
pansy 43
panties 13
pants 12
paper clip 23
parallel bars 75
Parasaurolophus 28
parcel 80
park 50
parrot 41
parsley 45
party 11
pass 70
passenger 57, 59
passenger train 57
passport 58
path 46
patient 76, 78
paw 30
pea(s) 45
peach 44
peanut 44
pear 44
peck 33
pedal 55
pedestrian mall 48
peel 19
pen 23, 32, 84
pencil 23
pencil case 23
pencil sharpener 23
penguin 40
petal 43
petunia 43
pharmacist 53
pharmacy 48
photocopier 22
photographer 53
piano 68
picture 15
pile up 87
pills 76
pillow 16
pilot 59
pine 42
pine nut 44
pineapple 44
pink 24
pistachio 44
pitcher 19
planet 83
plant 47
plasticine 23
plate 18
platform 56
play 63
player 70, 71, 72
playful 32
playground 62
plays 66
plow 84
plug in 65
plum 44
plumber 52
poisonous 34
pole 74
pole vault 75
polite 49
poplar 42
port 60
porter 56
porthole 61
post 71
post office 80
postcard 80
poster 16
potato 45
prescription 76
present 11
pretty 43
projector 22
propeller 61
pump up 55
puncture 54
pupil 9, 22
puppet theater 63
purple 25
push 15, 54, 70
put on 13
put on make-up 67
put on suntan
cream 85
put out 79

Q

quay 60
queen bee 38
quiet 48

R

racetrack 63
racket 72
radar 58, 61
radiator 15
radio 65
radish 45
rain 86
rainbow 24, 86
rake 47
raspberry 44
read the news 67
reading lamp 16
record 64
record player 22
rectangle 27
rectangular 27
red 25
red pepper 45
referee 70, 71
remote control 64
reporter 53
rescue 79
rest 52
return 72
ribs 7
rice 45
ring 15
ring binder 23
ripe 44
rise 82
river 84
road 49
road sign 50
robot 63
roller skates 62
roof 14
root 42
rose 43
rotten 44
round 27
row 85
rubber ring 85
rudder 61
rude 49
rug 15
ruler 23
run 6, 30, 75

runner 75
running shoes 12
running track 75
runway 58

S

sad 10
safe 49
sail 60
sailboat 60
same 11
sand 85
sardine 35
satellite 83
satellite dish 14
saucer 19
save 71
saxophone 69
scales 34, 35
scare 84
scarecrow 84
scenery 66
school bag 23
score 70
scoreboard 71
scratch 30, 33
screen 66
scribble 24
sea 85
seagull 40, 85
seal 40
seasons 87
seat 54, 55, 57
seat belt 54
second 26
see 8
seeds 46
seesaw 62
sense of hearing 8
sense of smell 8
sense of sight 9
sense of taste 9
sense of touch 8
senses 8
serve 72
set 82
set sail 60
seven 26
seventeen 26
seventh 27
seventy 26
shake 69
shampoo 17
shapes 26
shark 35
sharp teeth 35
shear 32
shed 46
sheep 32, 84
sheet 16
shelf 81
shell 34, 39, 40
shepherd 84
shine 82
ship 61
shirt 12
shoe 12
shopping bag 81
shopping cart 81
short 6, 12, 70
shoulder 6
shout 10
shovel 47
show 58
shower 17
shower cap 17
shower curtain 17
sick 76
sidewalk 49
sight 9
sign 80
sing 68
sink 17, 18, 61
siren 78
sister 10
sit 15
six 26
sixteen 26
sixth 27
sixty 26
skate 62
skateboard 62
skeleton 7
ski, skis 74
ski lift 74
ski resort 74
ski suit 74
skier 74
skiing 74
skin 8, 36
skinny 7
skirt 12
skull 7
sky 85
skyscraper 48
sleep 16
sleeper car 57
slice 45
slide 62
slime 39
slip 86
slipper 13
slippery 35
slither 34
slow 34
small 35, 55
smell 8
smokestack 61
snail 39
snake 34
sneeze 76
snow 86
snowy 86
soap 17
soccer 71
sock 12
sofa 15
soft 9, 39
sound engineer 67
soup bowl 18
sow 84
spaceship 82
speaker 65
spectators 71
sphere 27
spin around 7
spinach 45
spine 7
spiral shell 39
sponge 17
spoon 18
spray 42
spring 84, 87
spring-like 87
square 27
squid 40
stadium 71
stage 66
stalk 43
stamp 80
stand 71
stapler 23
star 82
starfish 40
station 56
station master 56
stay at 48

steering wheel 54
Stegosaurus 29
steps 14, 59, 73
stereo system 16
stern 61
stethoscope 78
sticky 36
sting 38
stir 18
stop 51, 55
store 49
stove 19
straw 33
strawberry 43
street 49
streetlight 49
stretch 7
string 68
strong 7
strum 69
studio 67
study 22
substitute 70
subtract 26
subway 48
sucker 39
sugar bowl 19
suitcase 56
summer 87
summery 87
sun 82
sunbathe 85
sunny 86
suntan cream 85
supermarket 81
surfboard 85
surgeon 78
swallow 35
sweat 86
sweater 12
sweep up 87
sweet-smelling 43
swim 28
swim underwater 73
swimming 73
swimming cap 73
swimming pool 73
swing 62, 75
switch 67
swollen gums 77
swordfish 40
syringe 78
syrup 76

T

t-shirt 13
table 18
tablecloth 19
tadpole 36
tail 30, 33, 34, 35, 59
take off 13, 59
take photos 53
take pictures 64
take a pulse 78
take a shower 17
tall 6, 70
tambourine 69
tame 31
tanker 60
tap your feet 68
tape 78
tape recorder 16
taste 8, 9
tea 81
teach 53
teacher 22, 52
teapot 19
teaspoon 19
teddy bear 63
teeth 7, 31
telegram 80
telephone 15
telephone booth 49
television 15, 64
television studio 67
ten 26
tendons 7
tennis 72
tentacle 39
tenth 27
theater 48, 66
thermometer 76
they 20
thick 25
thigh 6
thin 6
third 26
thirteen 26
thirty 26
thousand 26
three 26
throw 71
throw away 48
thunderstorm 86
ticket 56, 58
ticket office 56
tidy 15, 46, 63
tiger 41
tight 13
tights 12
tire 54, 55
tired 70
toaster 19
toe 6
toilet 17
toilet paper 17
toilets 56
toll booth 51
tomato 45
tongue 9, 34, 36
tools 47
tooth 35, 77
toothbrush 17
toothpaste 17
touch 8
tow 51
tow truck 51
towel 17, 85
tower 58
toy car 63
toys 62
track 57, 75
tractor 84
traffic light 49
traffic policeman 50
train 56, 57
trash can 49
tray 19
tree, trees 42
triangle 27
triangular 27
Triceratops 28
tricycle 62
trimmed 46
trombone 69
trot 31
trowel 47
truck 50
trumpet 69
trunk 42, 54
trunks 73
t-shirt 13
tugboat 60
tulip 43
tunnel 50
tureen 19
turn 50

turn into 36
turtle 34
tweet 33
twelve 26
twenty 26
two 26
Tyrannosaurus 29

U

udder 32
unbutton 12
uncle 10
uncomfortable 15
under 20
universe 82
unload 56
unplug 65
unripe 44
untidy 46
usher 66
utensils 19

V

vase 18
VCR 64
vegetables 45, 81
vet 52
video camera 65
video game 63, 64
videocassette 64
village 84
violet 43
violin 68

W

waist 6
wait 49
wake up 16
walkman 64
wall 14
wallpaper 14
walnut 44
wash 45
washing machine 18
water 47, 85
watering can 47
watermelon 44
wave 85
wave goodbye 59
weak 7
weather 86
weigh 52
wet 36
whale 40
wheel, wheels 54, 55, 59
wheelbarrow 47
where 20
whisk 19
whiskers 30
whistle 71
white 21, 25
white beans 45
whole 11
wild 31
wild boar 41
wilt 42
wilted 43
wind 86
window 14, 57, 59
windshield 54
windshield wiper 54
windy 86
wing 33, 37, 38, 59
winter 87
wintry 87
wolf 41
wool 32
woolly 32
work 52
worker bee 38
wrist 6
wristband 72
write 22

X

x-ray 78
xylophone 68

Y

yellow 25
young 10

Z

zebra 41
zip code 80
zucchini 45

שׁוּלְחַן סָלוֹן 15
שׁוּם 45
שׁוֹנֶה 11
שׁוֹעֵר 71
שׁוֹפֵט 70, 71
שׁוֹפֵט קַו 72
שׁוֹקוֹלָדִים 11
שׁוֹרֶשׁ 42
שׁוֹשָׁן 43
שְׁזִיף 44
שָׁחוֹר 21, 25
שְׂחִיָּיה 73
שְׂחִיַּית גַּב 73
שְׂחִיַּית חָזֶה 73
שְׂחִיַּית חֲתִירָה 73
שְׂחִיַּית פַּרְפַּר 73
שַׁחַף 40, 85
שַׂחְקָן 66, 71, 72
שַׂחְקָנִית 66, 70
שַׂחְקָנִית סַפְסָל 70
שְׁטוּף שֶׁמֶשׁ 86
שָׁטִיחַ 15
שְׁטִיחוֹן 17
שִׁידַּת לַיְלָה 16
שִׁינַּיִים 7, 31
שִׁינַּיִים חָדוֹת 35
שֵׂיעָר בָּהִיר 6
שֵׂיעָר שָׁחוֹר 6
שֵׁירוּתִים 56
שִׁישִּׁי 27
שִׁישִּׁים 26
שֶׁלֶג 86
שֶׁלֶד 7
שָׁלוֹשׁ 26
שְׁלוֹשׁ־עֶשְׂרֵה 26
שְׁלוֹשִׁים 26
שַׁלָּט 64
שְׁלִישִׁי 26
שָׁלֵם 11
שֵׁם 80
שְׁמוֹנֶה 26
שְׁמוֹנֶה־עֶשְׂרֵה 26
שְׁמוֹנִים 26
שָׂמֵחַ 10
שָׁמַיִם 85
שְׂמִיכָה 16
שְׁמִינִי 27
שְׁמִיעָה 8
שֶׁמֶן 6
שַׁמְפּוּ 17
שֶׁמֶשׁ 82
שִׁמְשִׁיָּה 85
שֵׁן 35, 77
שֵׁן עִם סְתִימָה 77
שֵׁן רְקוּבָה 77
שֵׁנִי 26
שֶׁעוֹבֵד קָשֶׁה 38
שָׁעוֹן 22, 56
שָׁעוֹן מְעוֹרֵר 16
שְׁעוּעִית יְרוּקָה 45
שְׁעוּעִית לְבָנָה 45
שַׁעַר 71
שָׂפָה 9, 31
שְׂפָמוֹנִים 30
שָׁקֵד 44
שָׁקֵט 10, 48
שַׂקִּית מִצְרָכִים 81
שְׁרַבְרָב 52
שִׁרְיוֹן 34
שְׁרִירִי 7
שְׁרִירִים 7
שַׁרְשֶׁרֶת 55
שֵׁשׁ 26
שֵׁשׁ־עֶשְׂרֵה 26
שְׁתַּיִים 26
שְׁתֵּים־עֶשְׂרֵה 26

ת

תָּא 56, 61
תָּא הַטַּיָּיס 59
תָּא הַנֶּהָג 57
תָּא טֶלֶפוֹן 49
תָּא כָּבוֹד 66
תָּא מִטְעָן 54
תְּאֵנָה 44
תֵּה 81
תּוּכִּי 41
תּוּנְפָּן 68
תּוֹף 69
תּוּת שָׂדֶה 43
תַּחֲנָה 56
תַּחֲנַת אֲגָרָה 51
תַּחֲנַת דֶּלֶק 51
תַּחְתּוֹנִים 13
תֵּיאַטְרוֹן 48, 66
תֵּיאַטְרוֹן בּוּבּוֹת 63
תֵּיבַת־דּוֹאַר 49, 80
תִּינוֹק 10
תִּירָס 45
תַּלְמִיד 22
תְּמוּנָה 15
תְּמָנוּן 39
תָּמָר 44
תַּמְרוּר 50
תַּנּוּר 19
תַּנּוּר מִיקְרוֹגַל 19
תַּנִּין 40
תַּפְאוּרָה 66
תַּפּוּז 44
תַּפּוּחַ 44
תַּפּוּחַ־אֲדָמָה 45
תִּקְרָה 16
תֶּרֶד 45
תְּרִיס 16
תַּרְנְגוֹלוֹת 84
תַּרְנְגוֹלֶת 33
תְּשִׁיעִי 27
תֵּשַׁע 26
תְּשַׁע־עֶשְׂרֵה 26
תִּשְׁעִים 26

צֶבַע 53
צִבְעוֹנִי 37, 43
צְבָעִים 24
צַג 67
צֶדֶף 40
צִדְפָּה 40
צָהֹב 25
צַוָּאר 6, 31
צוֹפִים 71
צוּק 85
צוּרוֹת 27
צִיּוּד 65
צַיְּתָן 32
צִילּוּם רֶנְטְגֶן 78
צִינּוֹר 47
צִיפּוֹר 33
צִיפּוֹרֶן 33, 34, 43
צְלוֹחִית 19
צַלַּחַת 18
צַלַּחַת לַוְויָן 14
צַלֶּמֶת 53
צְלָעוֹת 7
צָמוּד 13
צְמִיג 54, 55
צֶמֶר 32
צֶמֶר גֶּפֶן 78
צַמְרִי 32
צְנוֹבָּר 44
צְנוֹן 45
צָעִיר 10
צַעֲצוּעִים 62
צְפַרְדֵּעַ 36

ק

קְבוּצַת כּוֹכָבִים 82
קָהָל 66
קוּבִּיָּה 27
קוּבִּיּוֹת 63
קַוְוָן 71
קוֹלָב 16
קוֹמְפְּסוֹגְנָטוּס 29
קוֹנְכִיָּיה 39
קוֹנְכִיָּיה חֶלְזוֹנִית 39
קוּפְּאִית 81
קוּפָּה 56
קוּפָּה רוֹשֶׁמֶת 81
קָטָן 35, 55
קַטָּר 57
קִיוּוִי 44
קַיִץ 87
קֵיצִי 87
קִיר 14
קִישּׁוּא 45
קִישּׁוּטִים 11
קַל 29, 37
קַלֶּטֶת וִידֶאוֹ 64
קַלְמָר 23
קְלָסֵר 23
קְלָפִים 63
קְלַרְנִית 69
קִלְשׁוֹן 47
קֶנְגּוּרוּ 41
קַנְקַן תֵּה 19
קַסְדָּה 55, 79
קַסְטַנְיֶיטוֹת 69
קְסִילוֹפוֹן 68
קְעָרָה 18
קַעֲרִית מָרָק 18
קָפֶה 81
קְפִיצָה לַגּוֹבַה 75
קְפִיצַת מוֹט 75
קַצָּב 52
קָצֶה 73
קָצָר 12
קַקְטוּס 42
קַר 9
קָרוֹב 20
קְרוֹבִים 14
קְרוֹן שֵׁינָה 57
קְרֶם שִׁיזּוּף 85
קֶרֶן 32
קַרְסוֹל 6
קַשׁ 33
קָשֶׁה 9
קַשְׁקָשִׂים 34, 35
קֶשֶׁת 24, 86
קַשְׁתִּית הָעַיִן 9

ר

רְאִיָּיה 9
רֹאשׁ 6, 36, 37, 39
רִאשׁוֹן 26
רֹאשָׁן 36
רְבִיעִי 26
רֶגֶל אֲחוֹרִית 30
רֶגֶל קִדְמִית 30
רֶגֶל 6, 34, 36
רַדְיָאטוֹר 15
רַדְיוֹ 65
רוֹבּוֹט 63
רוּחַ 86
רוֹעֶה 84
רוֹפֵא מַרְדִּים 78
רוֹפֵא שִׁינַּיִים 77
רוֹפְאָה 76
רוֹקַחַת 53
רָזֶה 6, 7
רָחָב 13
רְחוֹב 48, 49
רָחוֹק 20
רְחִיצַת מְכוֹנִיּוֹת 54
רָטוֹב 36
רִיבּוּעַ 27
רֵיחַ 8
רֵיחָנִי 43
רִיסִים 9
רֵיק 38
רִיר 39
רַד 39
רַכֶּבֶל 74
רַכֶּבֶת 56, 57
רַכֶּבֶת מַשָּׂא 57
רַכֶּבֶת נוֹסְעִים 57
רַכֶּבֶת תַּחְתִּית 48
רַכָּה 9
רַמְזוֹר 49
רַמְקוֹל 65
רָעֵב 37
רַעֲמָה 31
רַעֲשָׁנִי 10
רַף 75
רָץ 75
רְצִיף 56, 60
רִצְפָּה 16
רָקוּב 44
רְשַׁמְקוֹל 16
רֶשֶׁת 2, 7, 70, 71

ש

שְׁבִיל 46
שְׁבִיל הֶחָלָב 82
שְׁבִיעִי 27
שֶׁבַע 26
שְׁבַע־עֶשְׂרֵה 26
שִׁבְעִים 26
שָׂדֶה 84
שׁוֹבָבִי 32
שׁוֹבֵר גַּלִּים 85
שׁוֹטֵר תְּנוּעָה 50
שׁוּלְחָן 18, 22

סוּפַת רְעָמִים 86
סְטֶגוֹזָאוּרוּס 29
סְטֶתוֹסְקוֹפּ 78
סִיגָלִית 43
סִייָח 31
סַייָע 77
סִיפוֹן 61
סִירָה 60
סִירוֹפּ 76
סִירֶנָה 78
סִירַת הַצָּלָה 61
סִירַת מָנוֹעַ 85
סִירַת מִפְרָשׂ 60
סַכִּין 18
סַל 81
סַלְסִילַת לֶחֶם 19
סֶלֶק אָדוֹם 45
סֶלֶרִי 45
סַנְטֵר 6
סְנַפִּיר 35, 73
סַפָּה 15
סְפוֹג 17
סְפִינַת גְּרָר 60
סְפִינַת דַּיִג 60
סְפִינַת חָלָל 82
סְפִינַת מִטְעָן 60
סֵפֶל 19
סַפְסָל 70, 71
סֵפֶר 23
סַפָּר 53
סִפְרִייָה 48
סְקִי 74
סְקֵייטְבּוֹרְד 62
סַקְסוֹפוֹן 69
סַקְרָן 30
סַרְגֵל 23
סַרְדִּין 35
סֶרֶט 66
סֶרֶט דָּבִיק 78
סְרָטִים 66
סַרְטָן 40
סְתָווִי 87
סְתָיו 87

ע

עָבֶה 25
עַגְבָנִייָה 45
עָגוֹל 27
עֲגוּרָן 60
עֵגֶל 32
עֲגָלָה 81
עֶגְלַת מִטְעָן 56
עֵדֶר 32, 84
עֲדָשָׁה 65
עֲדָשִׁים 45
עוּגִיוֹת 11
עוּגִייָה 11
עוֹגֶן 61
עוּגַת יוֹם־הוּלֶּדֶת 11
עוֹנוֹת 87
עוֹקֶץ 38
עוֹר 8, 36
עוֹרֵךְ דִּין 52
עֵט 23
עֵט כַּדּוּרִי 23
עֵט נוֹבֵעַ 23
עָטִין 32
עִיגּוּל 27
עַיִט 41
עָיֵיף 70
עַיִן 9, 30, 35, 37, 39
עֵינַיִים בּוֹלְטוֹת 36
עִיסּוּקִים 52
עִיפָּרוֹן 23
עִיקּוּל 51
עִיר 48
עַל 20
עָלֶה 42
עֲלֵה־כּוֹתֶרֶת 43
עֲלֵי מַנְגוֹלְד 45
עַמּוּד הַשַּׁעַר 71
עַמּוּד שִׁדְרָה 7
עֲנָבִים 44
עָנָן 86
עָנָף 42
עֲנָקִי 29
עֲפִיפוֹן 62
עַפְעַף 9, 34
עֵץ 42
עֵץ אוֹרֶן 42
עֵץ אַלּוֹן 42
עֵץ אַשׁוּחַ 42
עֵץ הַבּוּקִיצָה 42
עֵץ זַיִת 42
עֵץ צַפְצָפָה 42
עֵץ תַּפּוּחַ 42
עֲצוּבָה 10
עֵצִים 42
עֲצָמוֹת 7
עֲרוּגָה 46
עַרְפִילִית 82
עֲרָפֶל 86
עֲשִׂירִי 27
עֶשֶׂר 26
עֶשְׂרִים 26

פ

פָּגוֹשׁ 54
פֶּה 35
פּוֹחֵד 30
פּוֹל 45
פּוֹמְפִּייָה 18
פּוֹסְטֶר 16
פּוֹתְחַן קוּפְסָאוֹת 18
פַּח־אַשְׁפָּה 49
פֶּטוּנְיָה 43
פָּטֵיפוֹן 22
פֶּטֶל אָדוֹם 44
פֶּטְרוֹזִילְיָה 45
פִּטְרִייָה 45
פִּיגָ'מָה 13
פִּיל 41
פִּינְגְווִין 40
פִּינָּה 49
פִּיסְטוּק 44
פֵּירוֹת 44, 81
פְלָמִינְגוֹ 40
פְלַסְטֶלִינָה 23
פִּלְפֵּל אָדוֹם 45
פָּנִים 6
פָּנָס רְחוֹב 49
פִּנְקָס 23
פְּסַנְתֵּר 68
פַּעֲמוֹן 14, 55
פַּקְס 80
פֶּרֶא 31
פָּרָה 32
פַּרְוָוה 30
פָּרָזָאוּרוֹלוֹפוּס 28
פֶּרַח 46
פְּרָחִים 43
פַּרְסָה 31, 32
פַּרְפַּר 37
פֶּרֶק כַּף־הַיָּד 6
פָּתוּחַ 22
פֶּתַח נִיקּוּז 49

צ

צִ'ילוֹ 68
צָב 34
צָבוּעַ 41

מְכוֹנִית כִּיבּוּי 79
מְכוֹנִית צַעֲצוּעַ 63
מְכוֹנַת כְּבִיסָה 18
מְכוֹנַת צִילוּם 22
מְכוֹנַת קָפֶה 18
מְכָלִית נֵפְט 60
מַכַּ"ם 58, 61
מִכְנָסַיִים 12
מֶכֶס 58, 60
מִכְסֶה מָנוֹעַ 54
מַכְסֵחַת־דֶּשֶׁא 47
מַכְשִׁיר אַזְעָקָה 79
מַכְשִׁיר וִידֵאוֹ 64
מַכְשִׁירִים 77, 78
מִכְתָּב 80
מָלֵא 38
מַלְבֵּן 27
מַלְבֵּנִי 27
מְלוּכְלָךְ 13
מָלוֹן 44
מְלוּנָה 14
מַלְכַּת דְּבוֹרִים 38
מְלָפְפוֹן 45
מַמְתָּק 11
מַנְדָּרִינָה 44
מְנַהֵל הַתַּחֲנָה 56
מִנְהָרָה 50
מְנוּמָּס 49
מְנוֹעַ סִילוֹן 59
מָנוֹעַ 54, 55
מְנוֹרָה 15, 77
מְנוֹרַת קְרִיאָה 16
מְנַתֵּחַ 78
מְסוּדָּר 15
מְסוּכָּן 49
מְסִיבָּה 11
מְסִילָה 57
מַסָּךְ 66
מַסְלוּל 75
מַסְלוּל הַמְרָאָה 58
מַסְלוּל רִיצָה 75
מִסְפָּרִים 27
מַסְרֵק 17
מַעֲבָר 59, 66
מַעֲבַר חֲצִיָּיה 49
מַעֲגָן 60
מְעוּנָן 86
מַעֲטָפָה 80
מְעִיל קָצָר 12, 74
מַעְיָן 84
מֵעַל 20
מַעֲצוֹר 55
מְעַרְבֵּל 18
מַעֲרֶכֶת סְטֶרֵיאוֹ 16
מַעֲרֶכֶת תּוּפִּים 69
מַפָּה 22
מַפִּית 19
מַפְלֵט 55
מַפְסֵק 67
מִפְרָקִים 7
מַפַּת שׁוּלְחָן 19
מַצְבֵּר 54
מָצוֹף 60
מֵצַח 6
מַצִּיל 85
מְצִילְתַּיִים 69
מַצְלֵמָה 65, 67
מַצְלֵמַת וִידֵאוֹ 65
מַצֶּקֶת 19
מַקְבִּילִים 75
מַקְדֵּחָה 77
מְקוּמֶּטֶת 12
מָקוֹר 33
מִקְלֶדֶת 16
מִקְלַחַת 17
מַקְפֵּצָה 73
מַקְרֵן 22
מְקָרֵר 18
מַרְאָה 17, 55
מְרַאְיֵין 67
מְרוּבָּע 27
מְרוּחָקִים 14
מְרִיצָה 47
מַרְכּוֹל 81
מַרְפֵּק 6
מָרָקָה 69
מָרָקִיָּה 19
מִרְשָׁם 76
מַשָּׂאִית 50
מְשׁוּלָּשׁ 27
מְשׁוּעֲמָם 71
מִשְׁחָה 76
מִשְׂחַק הַרְכָּבָה 63
מִשְׂחַק וִידֵאוֹ 63, 64
מִשְׂחָק 63
מִשְׂחָקִים 63
מִשְׁחַת שִׁינַּיִים 17
מִשְׁפָּחָה 10
מַשְׁקָאוֹת 81
מִשְׁקְפֵי צְלִילָה 73
מִשְׁקְפֵי־מָגֵן 74
מַשְׁרוֹקִית 71
מִתַּחַת 20
מִתַּחַת לְ־ 20
מַתָּנָה 11

נ

נֵבֶל 68
נַגַּן תַּקְלִיטוֹרִים 16
נַדְנֵדָה 62
נַדְנֵדָה 62
נַהַג קַטָּר 57
נַהֶגֶת מוֹנִית 53
נָהָר 84
נוֹבֵל 43
נוֹחַ 15
נוֹסֵעַ 57, 59
נוֹצוֹת 33
נְחִיר 8
נָחָשׁ 34
נְיַיר טוּאָלֶט 17
נִלְהָב 71
נָמוֹךְ 6, 70
נְמַל תְּעוּפָה 58
נָמֵל 60
נָמֵר 41
נַעַל 12, 74
נַעַל־בַּיִת 13
נַעַל כַּדּוּרֶגֶל 71
נַעֲלֵי רִיצָה 12
נָקִי 13
נֵרוֹת 11
נֶשֶׁר 41
נְתִיב 50

ס

סַבָּא 10
סַבּוֹן 17
סַבָּל 56
סַבְתָּא 10
סָגוֹל 25
סָגוּר 22
סָדִין 16
סַדְרָן 66
סוֹאֵן 48
סְוֶודֶר 12
סְוֶודֶר פָּתוּחַ 12
סוֹלְלָה 65
סוּלָּם 79
סוּס 31
סוּס קְפִיצוֹת 75
סוֹעֵר 86

לְצהוֹל 31
לָצוּף 61, 73
לִצחוֹק 10, 66
לְצַחְצֵחַ שִׁינַּיִים 17
לְצַיֵּיץ 33
לְצַיֵּיר 24
לִצלוֹל 36, 73
לִצלוֹל מִתַּחַת
לַמַּיִם 39
לְצַלֵּם 53, 64
לְצַלְצֵל 15
לִצמוֹחַ 42, 87
לִצעוֹק 10
לִצפּוֹת 35
לָקוּחַ 81
לָקוּם 16
לִקלוֹעַ 70
לְקַלֵּף 19
לִקמוֹל 42
לִקנוֹת 48
לִקפּוֹץ 6, 36, 74, 75
לִקצוֹץ 18
לִקרוֹא אֶת
הַחֲדָשׁוֹת 67
לְקַרְקֵר 33, 36
לְקָרֵר 86
לְקַשֵּׁט 11
לְקַשְׁקֵשׁ 24
לִראוֹת 8
לִרדוֹף אַחֲרֵי־ 34
לָרֶדֶת 14, 61, 62, 74
לָרוּץ 6, 30, 75
לָרוּץ בְּקֶצֶב אִיטִי 31
לִרחוֹץ 45
לִרחוֹץ בַּיָּם 85
לִרחוֹץ כֵּלִים 19
לְרַסֵּס 42
לְרַסֵּק 18
לִרקוֹד 68
לִרתוֹחַ 45

לָשֶׁבֶת 15
לָשׁוּט 60
לָשׁוֹן 9, 34, 36
לִשׁחוֹת 28
לִשׁחוֹת מִתַּחַת
לַמַּיִם 73
לְשַׂחֵק 63
לָשִׂים קְרֵם שִׁיזּוּף 85
לָשִׁיר 68
לִשׁכַּב 6, 15
לִשׁלוֹחַ בַּדּוֹאַר 80
לִשׁמוֹעַ 8
לְשַׁמֵּן 55
לִשׁקוֹל 52
לִשׁקוֹעַ 61, 82
לְשַׁקְשֵׁק בְּ־ 69
לִשׂרוֹט 30
לִשׁרוֹק בְּ־ 71
לִשׁתוֹל 47
לִשׁתוֹת 38
לִתפּוֹס 39
לִתפּוֹס אֶת הָרַכֶּבֶת 56
לִתקוֹעַ בְּ־ 69
לִתקוֹף 35
לָתֵת מַתָּנָה 11

מ

מֵאָה 26
מְאוּלָּף 31
מְאוּשָּׁר 10
מֵאֲחוֹרֵי־ 21
מְאַמֵּן 71
מְבוּלְגָּן 15
מַבְזֵק 65
מִבְרָק 80
מִבְרֶשֶׁת שִׁינַּיִים 17
מַגְבֵּר 69

מַגֶּבֶת 17, 85
מִגְדָּל 58
מִגְדַּל פִּיקּוּחַ 58
מִגְדַּלּוֹר 60
מְגוּהֶצֶת 12
מְגֵירָה 16
מַגְלֵשָׁה 62
מִגְלְשֵׁי סְקִי 74
מָגֵן בֶּרֶךְ 70
מָגֵן זֵיעָה 72
מַגָּף 79
מַגְרֵפָה 47
מִגְרַשׁ טֶנִיס 72
מִגְרַשׁ כַּדּוּרֶגֶל 71
מִגְרַשׁ מִשְׂחָקִים 62
מַגָּשׁ 19
מַדחוֹם 76
מַדְחֵף 61
מֵדִיחַ כֵּלִים 19
מַדָּף 81
מַדָּפִים 15
מַדְרֵגוֹת 14, 59, 73
מִדְרָחוֹב 48
מִדְרָכָה 49
מְהַדֵּק 23
מְהַדֵּק נְיָיר 23
מְהִירָה 54
מְהַנְדֵּס קוֹל 67
מוּזֵיאוֹן 48
מוֹט 74
מוֹכֶרֶת דָּגִים 52
מוּל 20
מוּסַךְ מְטוֹסִים 58
מוּסָךְ 14
מוֹרָה 22
מוֹרֶה 52
מוֹשָׁב 54, 55, 57
מוּשׁלָג 86
מוֹתֶן 6
מוֹתְנַיִים 6

מֶזֶג־אֲוִויר 86
מַזְגָן 15
מִזווָדָה 56
מָזוֹן קָפוּא 81
מַזְלֵג 18
מַזְלֵף 47
מַזְמֵרָה 47
מִזְנוֹן 57
מִזְרָן 75
מִזְרַן אֲוִיר 85
מַזְרֵק 78
מַחֲבוֹאִים 62
מַחְבֵּט 72
מַחְבֶּרֶת 23
מְחַדֵּד 23
מְחוּגָה 23
מְחוֹשִׁים 37, 38
מַחֲזוֹת 66
מַחְסָן 46
מַחְצֶלֶת 85
מַחַק 22, 23
מַחְשֵׁב 16
מַחְשְׁבוֹן 23
מִטְבָּח 19
מָטוֹס 59
מְטוּפָּח 46
מִטְעָן 57, 60
מִיטָּה 16
מְיַיבֵּשׁ שֵׂיעָר 17
מִילוֹן 23
מִילְיוֹן 26
מַיִם 85
מִיץ 11
מִיקּוּד 80
מִיקְרוֹפוֹן 67
מִישְׁמֵשׁ 44
מֵיתָר 68
מְכוֹנַאי 51
מְכוֹנִית 54
מְכוֹנִית גְּרָר 51

לִגזוֹז 32
לִגזוֹר 22, 53
לִגלוֹש 74
לִגעוֹת 32
לְגָרֵד 18, 33
לִגרוֹר 51
לִדהוֹר 31
לָדוּג 35, 53
לְדַוֵּשׁ 55
לִדחוֹף 15, 54, 70
לְהַאֲזִין 64
לְהָגִישׁ 72
לְהַדבִּיק טָפֶּטִים 14
לְהוֹצִיא מֵהַשֶּׁקַע 65
לְהוֹרִיד 13
לְהָזִיעַ 86
לְהַחזִיר 72
לְהַחֲלִיף אֶת הֶעָרוּץ 65
לְהַחֲלִיק 34, 62, 86
לְהִיכָּנֵס 66
לְהִישָּׁעֵן הַחוּצָה 14
לְהַכנִיס תֶּקַע 65
לְהַכפִּיל 26
לְהַמרִיא 59
לְהַסבִּיר 58
לְהָסִיר 13
לְהַסרִיט 64
לְהִסתּוֹבֵב 7
לְהִסתַּכֵּל 49
לְהִסתַּלֵּק 20
לְהִסתָּרֵק 17
לְהִסתַּתֵּר 39
לְהַעֲמִיס 56
לַהֲפוֹך ל־ 36
לְהַפחִיד 84
לְהַפחִית 26
לְהַפלִיג 60
לְהַצִּיל 71, 79
לְהָקִים מַחֲנֶה 84
לְהַקִּישׁ בְּרַגלַיִים 68
לְהַקלִיט 64
לְהַקפִּיץ 70
לְהַקצִיף 19
לְהֵרָאוֹת 58
לְהַרגִישׁ סְחַרחוֹרֶת 79
לְהַרדִּים 78
לְהָרִיחַ 8
לְהַרתִּיחַ 45
לְהַשלִיך 48
לְהַשקוֹת 47
לְהִשתַּזֵּף 85
לְהִשתַּעֵל 76
לְהִתאָרֵחַ בּ־ 48
לְהִתחַמֵּם 86
לְהִתכּוֹפֵף 6
לְהִתלַבֵּשׁ 12
לְהִתמַתֵּחַ 7
לְהִתנַגֵּב 17
לְהִתנַגֵּשׁ 51
לְהִתנַדנֵד 62, 75
לְהִתעוֹרֵר 16
לְהִתעַטֵּשׁ 76
לְהִתפַּשֵּׁט 12
לְהִתפַּתֵּל 34
לְהִתקַלֵּחַ 17
לְהִתקָרֵב 20, 83
לַוויָין 83
לִוויָתָן 40
לוּחַ 22, 63
לוּחַ הוֹדָעוֹת 22
לוּחַ הַסַּל 70
לוּחַ מֵידָע 56
לוּחַ תוֹצָאוֹת 71
לִזרוֹחַ 82
לִזרוֹעַ 84
לִזרוֹק 71
לַחבּוֹט 72
לַחֲבוֹשׁ 13, 52
לְחַבֵּק 11
לְחַבֵּר 26
לַחֲגוֹר חֲגוֹרַת־ בְּטִיחוּת 59
לָחוּץ 71
לְחִי 6
לְחַכּוֹת 49
לַחֲלוֹב 32
לְחַלֵּק 26
לְחַלֵּק דוֹאַר 80
לֶחֶם 81
לַחֲנוֹת 50
לַחפּוֹר 47
לַחֲצוֹת 49
לַחצָנִים 64
לַחֲרוֹשׁ 84
לַחתוֹך 18
לַחתוֹם 80
לַחתוֹר 85
לְטַאטֵא 87
לְטַגֵּן 19
לָטוּס 59, 83
לִטעוֹם 8
לְטַפֵּל בּ־ 76
לְטַפֵּס 62
לְיַילֵל 30
לִימוֹן 44
לִישׁוֹן 16
לְכַבּוֹת 79
לְכוֹפֵף 7
לְכַפתֵּר 12
לִכתוֹב 22
לְלֹא אֲוִויר 55
לָלֶכֶת 20
לְלַמֵּד 53
לִלמוֹד 22
לְלַקֵּק 30
לָמוּת 28
לִמחוֹא כַּפַּיִים 66
לִמחוֹק 22
לִמסוֹר 70
לִנבּוֹחַ 30
לִנגוֹעַ 8
לְנַגֵּן 65
לִנהוֹג 54
לָנוּחַ 52
לִנחוֹת 59, 83
לִנעוֹל 13
לְנַפֵּחַ 55
לְנַפנֵף לְשָׁלוֹם 59
לִנצוֹץ 82
לְנַקֵּב 54
לְנַקֵּר 33
לִנשׁוֹם 73
לְנַשֵּׁק 11
לְנַתֵּחַ 78
לְסַדֵּר 63
לְסַנֵּן 45
לְסַפֵּר 53
לֶסֶת 35
לַעֲבוֹד 52
לַעֲבוֹר דֶּרֶך־ 75
לַעֲגוֹן 60
לָעוּף 28
לַעֲלוֹת 14, 74
לַעֲלוֹת 61
לַעֲמוֹד מוּל 20
לַעֲצוֹר 51, 55
לַעֲקוֹף 20, 50
לַעֲקוֹץ 38
לַעֲשׂוֹת הַרכָּבָה 42
לַעֲשׂוֹת עֲרֵימָה 87
לִפנוֹת 50
לְפָנָיו 21
לִפעוֹת 32
לִפרוֹחַ 87
לִפרוֹט 69
לִפרוֹס 45
לִפרוֹק מִטעָן 56
לִפתוֹחַ כַּפתוֹרִים 12
לָצֵאת 66
לִצבּוֹעַ 24

חָלָב 81
חַלּוֹן 14, 57, 59, 61
חָלוּק 13
חָלִיל 69
חֲלִיפַת סְקִי 74
חֲלַקְלַק 35
חָלָשׁ 7
חַלַּת דְּבַשׁ 38
חַם 9
חֲמִישִׁי 26
חֲמִישִּׁים 26
חֲמָמָה 46
חָמֵשׁ 26
חֲמֵשׁ־עֶשְׂרֵה 26
חֲנוּת 49
חֲנִיכַיִים נְפוּחִים 77
חַסָּה 45
חֲצָאִית 12
חֲצוֹצְרָה 69
חָצִיל 45
חַקְלַאי 53
חָרוּט 27
חַרְטוֹם 61
חַרְצִית 43
חַשְׁמַלַּאי 52
חָתוּךְ 11
חָתוּל 30

ט

טַבַּעַת 70
טוֹסְטֶר 19
טַיָּס 59
טַיַּס־מִשְׁנֶה 59
טִירָה 63
טִירָנוֹזָאוּרוּס 29
טָלֶה 32
טֶלֶוִויזְיָה 15, 64
טֶלֶפוֹן 15
טַנְבּוּר 69
טֶנִיס 72
טַעַם 9
טְרוֹמְבּוֹן 69
טְרִיסֶרָטוֹפְּס 28
טְרַקְטוֹר 84

י

יָד 6
יְדִידוּתִי 30
יַלְקוּט 23
יָם 85
יָעֵן 41
יָפֶה 43
יָצִיעַ 66, 80
יַקִּינְטוֹן 43
יָרוֹק 24
יָרֵחַ 83
יָרֵךְ 6
יַרְכָתַיִים 61
יֶרֶק 45, 81
יַרְקָנִית 52
יָשָׁן 14
יְשָׁנָה 54

כ

כְּאֵב רֹאשׁ 76
כַּבָּאוּת 79
כַּבַּאי 79
כָּבֵד 29
כְּבִישׁ 49
כְּבִישׁ מָהִיר 51
כִּבְשָׂה 32
כְּבָשִׂים 84
כַּד 19
כַּדּוּר 27, 70, 71, 72
כַּדּוּר הָאָרֶץ 83
כַּדּוּרֶגֶל 71
כַּדּוּרְסַל 70
כֵּהֶה 25
כּוֹבַע 12
כּוֹבַע רַחְצָה 17, 73
כַּוֶּרֶת 38
כּוֹכָב 82
כּוֹכַב־יָם 40
כּוֹכַב לֶכֶת 83
כּוֹכַב שָׁבִיט 83
כּוֹכָבִית 83
כּוֹס 18, 77
כּוּרְסָה 15
כָּחוֹל 25
כִּידוֹן 55
כִּיּוֹר 17, 18, 77
כִּינּוֹר 68
כִּיסֵּא 15, 77
כִּיסֵּא נוֹחַ 85
כִּיסּוּי מִיטָּה 16
כִּירַיִים 19
כִּיתָּה 23
כֶּלֶב 30
כֶּלֶב־יָם 40
כְּלֵי גִּינּוּן 47
כְּלִי לְסוּכָּר 19
כְּלֵי מִטְבָּח 19
כְּלֵי נְגִינָה 68
כֵּלִים 47
כָּנָף 33, 37, 38, 59
כֶּסֶף 81
כַּף 18, 47
כַּף רֶגֶל 30
כַּפִּית 19
כְּפָפָה 74
כְּפָר 84
כַּפְתּוֹר נְעִילָה 54
כַּרְבּוֹלֶת 33
כְּרוּב 45
כְּרוּבִית 45
כַּרְטִיס 56, 58
כַּרְטִיס אַשְׁרַאי 81
כַּרְטִיסָן 57
כָּרִישׁ 35
כְּרֵישָׁה 45
כָּרִית 16
כַּתֶּבֶת 53
כְּתוֹבֶת 80
כָּתוֹם 24
כְּתוֹנֶת לַיְלָה 13
כָּתֵף 6

ל

לֹא בָּשֵׁל 44
לֹא מְטוּפָּח 46
לֹא נוֹחַ 15
לֶאֱהוֹב 10
לְאַחֵר לָרַכֶּבֶת 56
לְאַפֵּר 67
לִבְדּוֹק 58, 76
לִבְדּוֹק דּוֹפֶק 78
לִבְחוֹשׁ 18
לְבַיֵּים 67
לִבְכּוֹת 10, 66
לִבְלוֹם 54
לִבְלוֹעַ 35
לָבָן 21, 25
לִבְנוֹת 38, 63
לִבְעוֹט 71
לִבְקוֹעַ 28
לְבַקֵּשׁ 48
לִבְרוֹחַ 34
לִגְדּוֹל 42, 87

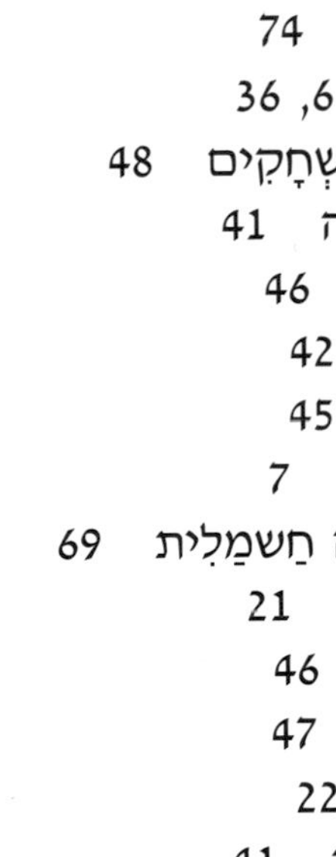

גוֹלֵשׁ 74
גוּף 6, 36
גוֹרֵד שְׁחָקִים 48
גוֹרִילָה 41
גָּזוּם 46
גֶּזַע 42
גֶּזֶר 45
גִּידִים 7
גִּיטָרָה חַשְׁמַלִּית 69
ג'ינג'י 21
גִּינָה 46
גִּינוּן 47
גִּיר 22
ג'ירָפָה 41
גַּל 85
גַּלְגִּילִיּוֹת 62
גַּלְגַּל 54, 55, 59
גַּלְגַּל הַצָּלָה 85
גַּלְגַּלִּים 59
גְּלוֹבּוּס 22
גְּלוּיָה 80
גְּלוּלוֹת 76
גַּלְשָׁן 85
גָּמָל 31
גַּנָּן 46
גַּס רוּחַ 49
גֶּרֶב 12
גַּרְבִּיוֹנִים 12
גֶּשֶׁם 86
גֶּשֶׁר 50
גֶּשֶׁר לְהוֹלְכֵי־רֶגֶל 50

ד

דְּבוֹרָה 38
דְּבוֹרָה פּוֹעֶלֶת 38
דְּבִיקָה 36
דְּבַשׁ 38
דַּבֶּשֶׁת 31
דַּג־הַחֶרֶב 40
דָּגִים 81
דְּגָנִים 45
דּוֹאַר 80
דּוֹב 41
דּוּבְדְּבָן 44
דּוּבִּי 63
דּוּגְמָן 53
דּוֹד 10
דּוֹדָה 10
דּוֹדָן 10
דַּוָּר 80
דַּוְשָׁה 55
דּוּכַן עִיתּוֹנִים 49
דּוֹלְפִין 40
דּוֹמִינוֹ 63
דַּחְלִיל 84
דְּיוֹנוֹן 40
דַּיָּג 53
דַּיֶּלֶת 59
דִּינוֹזָאוּרִים 29
דִּיסְקִית 63
דִּיפְּלוֹדוֹקוּס 28
דִּיר 32, 84
דִּירָה 48
דְּלִיָּה 43
דְּלַפֵּק 80
דֶּלֶק 58
דֶּלֶת 14
דַּק 25
דֶּקֶל 42
דַּרְכּוֹן 58
דֶּשֶׁא 46

ה

הֶגֶה 54, 61
הִיפּוֹפּוֹטָם 40
הַיְקוּם 82
הֵם 21
הִצְטַנְּנוּת 76
הַר 84
הִתְנַגְּשׁוּת 51
הִתְעַמְּלוּת 75

ו

ווֹקְמֶן 64
וֶטֶרִינָרִית 52
וִילוֹן אַמְבַּטְיָה 17
וֶרֶד 43
וָרוֹד 24

ז

זְאֵב 41
זֶבְּרָה 41
זַחַל 37
זִימִים 35
זְמַנֵּי הַגָּעָה 56
זְמַנֵּי יְצִיאָה 56
זָנָב 30, 33, 34, 35, 59
זְקֵנָה 10
זְרוֹעַ 6, 39
זַרְנוּק 79
זְרָעִים 46

ח

חֲבִילָה 80
חֶבֶל קְפִיצָה 62
חֲגוֹרָה 12
חֲגוֹרַת בְּטִיחוּת 54
חֲדִישָׁה 54
חֲדַר אוֹרְחִים 15
חֲדַר אַמְבַּטְיָה 17
חֲדַר מִיּוּן 78
חֲדַר מְכוֹנוֹת 61
חֲדַר נִיתּוּחַ 78
חֲדַר שֵׁינָה 16
חָדָשׁ 14
חוֹל 85
חוֹלֶה 76, 78
חוּלָה 76
חוֹלֵץ פְּקָקִים 18
חוּלְצָה 12
חוּלְצַת־טִי 13
חוּם 21, 24
חוֹמֵר הַרְדָּמָה 78
חוֹמְרֵי נִיקּוּי 81
חוֹף 85
חוֹרֶף 87
חוֹרְפִּי 87
חוּשׁ הַטַּעַם 9
חוּשׁ הַמִּישּׁוּשׁ 8
חוּשׁ הָרְאִיָּה 9
חוּשׁ הָרֵיחַ 8
חוּשׁ הַשְּׁמִיעָה 8
חוּשִׁים 9
חָזֶה 6
חֲזִיר בָּר 41
חָזָק 7
חַיּוֹת 41
חִילָּזוֹן 39
חִינָּנִית 43
חִישּׁוּק 75

רְשִׁימַת הַמִּלִּים בְּעִבְרִית

א

אַבָּא 10
אֲבַטִּיחַ 44
אָבִיב 87
אֲבִיבִי 87
אֱגוֹז מֶלֶךְ 44
אֱגוֹז 44
אֱגוֹזִים 44
אַגָּס 44
אֲגַרְטָל 18
אָדוֹם 25
אֲדָמָה 46
אוֹזֶן 8, 30
אוֹזְנִיוֹת 64
אוֹטוֹבּוּס 58
אוֹכֵל בָּשָׂר 29
אוֹכֵל עֵשֶׂב 29
אוּלָם 66
אוּלָם קוֹלְנוֹעַ 48, 66
אוּלְפָּן 67
אוּלְפָּן טֶלֶוִויזְיָה 67
אוֹנִיָּיה 61
אוֹפַנּוֹעַ 55
אוֹפַנַּיִים 55
אוֹפַנַּיִים לִילָדִים 62
אוֹר 67
אוֹרְגָן חַשְׁמַלִּי 65, 68
אוֹרוֹת רָאשִׁיִּים 54
אוֹרֶז 45
אוֹתוֹ דָּבָר 11
אָח 10
אָחוֹת 10
אֲחֵרוֹת 40
אַחַת 26
אַחַת־עֶשְׂרֵה 26
אֵיבַר יְנִיקָה 39
אִיטִי 34
אִימָּא 10
אֵיפֹה 21
אִיצְטַדְיוֹן 71
אִישׁוֹן 9
אַכְזָרִי 30
אֶלֶף 26
אֶלֶקְטְרוֹנִי 65
אַמְבּוּלַנְס 78
אַמְבַּטְיָה 17
אַמְנוֹן וְתָמָר 43
אֲנוֹנָה 44
אַנְטֶנָּה 54
אֲנָנָס 44
אֶנְצִיקְלוֹפֶּדְיָה 22
אַסְלָה 17
אַסְפָּרָגוּס 45
אַף 8, 30
אֲפוּנָה 45
אָפוֹר 21, 24
אֶפְרוֹחַ 33
אֲפַרְסֵק 44
אֶצְבַּע 6
אֶצְבַּע הָרֶגֶל 6
אַרְבַּע 26
אַרְבַּע־עֶשְׂרֵה 26
אַרְבָּעִים 26
אֲרוּבָּה 14, 61
אָרוֹךְ 12
אֲרוֹן בְּגָדִים 16
אֲרוֹן מִטְבָּח 19
אֲרוֹנִית 56
אַרְטִישׁוֹק 45
אַרְיֵה 41
אַרְכֵאוֹפְּטֶרִיקְס 29
אַרְסִי 34
אֶשְׁכּוֹלִית 44
אֵת חֲפִירָה 47
אַתְלֵטִיקָה 75
אֲתַר סְקִי 74

ב

בֶּגֶד־יָם 73
בְּגָדִים 12
בָּהִיר 25
בּוּבָּה 63
בּוֹטֶן 44
בּוּל 80
בַּחוּץ 21
בָּטוּחַ 49
בִּידָה 17
בִּידוּק 58
בֵּין־ 21
בֵּינוֹנִי 55
בֵּיצָה 33, 37
בֵּיצֵי צְפַרְדֵּעַ 36
בַּיִת 14
בֵּית־בּוּבּוֹת 63
בֵּית־חוֹלִים 78
בֵּית־מָלוֹן 48
בֵּית־מִרְקַחַת 48
בֵּית־קָפֶה 48
בַּלּוֹן 11
בְּלֶנְדֶר 18
בַּמַּאי 67
בָּמָה 66
בַּנַּאי 52
בִּנְיָין 51
בָּנָנָה 44
בַּנְק 48
בַּס 68
בַּעַל־חַיִּים 34
בַּעַל־חַיִּים יַבַּשְׁתִּי 34
בַּעַל־חַיִּים יַמִּי 34
בְּצַד יָמִין 21
בְּצַד שְׂמֹאל 21
בָּצָל 45
בְּקַעֲצוּר 43
בָּקָר 84
בָּרָד 86
בֶּרֶז 17
בְּרֵיכַת שְׂחִיָּיה 73
בֶּרֶךְ 6
בְּרַכְיוֹזָאוּרוּס 28
בָּרָק 86
בָּשֵׁל 44
בָּשָׂר 81
בְּתוֹךְ־ 21

ג

גַּב 6, 30, 31
גַּבָּה 9
גָּבוֹהַּ 6
גְּבוֹהָה 70
גְּבִינָה 81
גִּבְעָה 84
גִּבְעוֹל 43
גַּג 14
גָּדוֹל 35, 55
גֶּדֶר חַיָּה 46
גָּדֵר 14, 46
גּוּלְגּוֹלֶת 7
גּוּלוֹת 62
גּוֹלֶם 37

א
ת

הקדמה

מילון זה מיועד ללומדים בצעדיהם הראשונים. הספר ערוך לפי נושאים ומציג משמעויות בעברית ובאנגלית של כ־1300 מִלים בסיסיות באמצעות איורי צבע מרהיבים.

הצגת המִלים לפי נושאים מאפשרת ללומדים לזכור טוב יותר את המִלים בגלל הקשר האסוציאטיבי ביניהן. בנוסף לכך, כל המִלים בעברית ובאנגלית רוכזו בשתי רשימות מסודרות לפי הא״ב, כאשר ליד כל מִלה מִספר העמוד שבו ניתן למצוא אותה. הרשימות מאפשרות להשתמש בספר זה גם כבמילון רגיל.

ספר זה מהווה אמצעי לימוד יעיל ומהנה. תלמידים יפיקו הנאה מן השימוש בו ומורים יוכלו לנצלו בכיתה להצגת שאלות, לפיתוח דיאלוגים ולמשחקי תפקידים וכד׳.

PASSPORT

מילון בתמונות

הוצאת קרנרמן • לוני כהן